정치적 올바름에 대하여

First published in Canada and the USA in 2018 by House of Anansi Press Inc.
www.houseofanansi.com

정치적 올바름에 대하여

POLITICAL CORRECTNESS

조던 피터슨
스티븐 프라이

VS.

마이클 에릭 다이슨
미셸 골드버그

조은경 옮김 | 임명묵 논평

프시케의숲

정치적 올바름(政治的—, Political Correctness)

소수자들을 차별, 배제하는 언어 사용 및 표현을 지양하자는 신념, 혹은 그에 기반한 사회운동. 흔히 PC라고 줄여 부른다. 예를 들어 '불구자' 대신 '장애인'이라는 표현을 쓰거나, '에스키모' 대신 '이누피아크', '후진국' 대신 '개발도상국', '애완동물' 대신 '반려동물', '결손가정' 대신 '한부모 가족' 등의 언어를 사용하는 것을 말한다. 현재 '정치적 올바름'은 단순한 언어순화 운동 차원을 넘어서, 영상이나 게임 등에서의 균등한 역할 배분, 혹은 진학이나 취업, 승진 등에서의 소수자 우대 정책 등으로 확장 적용되고 있다. 성별, 인종 등 여러 집단적 정체성이 합류하는 정치적인 상황에서 어느 한쪽으로 기울지 않고 이른바 올바르게 처신하는 것 일체를 뜻한다. 하지만 이는 부자연스럽고 억압적이며 역차별이라는 비판이 있으며, 복잡한 정치적·사회적 현실과 맞물려 새로운 논쟁을 불러일으키고 있다.

일러두기

1. 이 책은 2018년 5월 18일 캐나다 토론토에서 개최된 '멍크 디베이트' 내용을 정리한 것이다. 멍크 디베이트는 피터 멍크와 멜라니 멍크가 설립한 자선단체 오리아 재단의 프로젝트로, 반년마다 세계가 당면한 주요 공공정책 이슈에 대해 논의하는 세계적인 포럼이다. 그간 패널로 스티븐 핑커, 토니 블레어, 헨리 키신저, 말콤 글래드웰, 니얼 퍼거슨, 알랭 드 보통, 폴 크루그먼 등 수많은 명사가 참여해왔다. 자세한 정보는 www.munkdebates.com에서 얻을 수 있다.

2. 2부 '토론'에서 패널 이름 앞에 찬성 측은 ○, 반대 측은 ×를 표기했다.

3. 단행본은《 》로, 신문이나 잡지, 영화, 영상은〈 〉로 표기했다.

4. 소괄호 ( ) 중 '옮긴이'라고 표시된 것은 옮긴이 주이며, 아무 표시가 없는 것은 원서 내용을 번역한 것이다.

5. 화자나 현장의 행동을 나타낼 때는 대괄호 〔 〕를 사용했다.

차례

1부

토론 전 인터뷰 • 9

스티븐 프라이와의 대화 • 11

조던 피터슨과의 대화 • 25

마이클 에릭 다이슨과의 대화 • 41

미셸 골드버그와의 대화 • 57

2부

토론 • 69

정치적 올바름은 과연 진보라고 할 수 있는가?

그렇다 ○ 마이클 에릭 다이슨, 미셸 골드버그

아니다 × 스티븐 프라이, 조던 피터슨

3부

토론 후 인터뷰 • 175

스티븐 프라이 & 조던 피터슨 • 177

마이클 에릭 다이슨 & 미셸 골드버그 • 183

한국어판 부록 • 189

왜 지금 '정치적 올바름'이 문제인가

1부

토론 전 인터뷰

스티븐 프라이와의 대화

조던 피터슨과의 대화

마이클 에릭 다이슨과의 대화

미셸 골드버그와의 대화

Stephen
Fry

스티븐 프라이 케임브리지 대학교에서 영문학을 전공한 영국의 베스트셀러 작가, 배우. 특유의 입담과 재치, 위트로 영미권에서 많은 사랑을 받고 있다. 2007년 〈인디펜던트〉가 선정한 '가장 영향력 있는 게이' 2위에 꼽혔으며, 2015년 파트너인 엘리엇 스펜서와 동성결혼을 했다. 2006년 〈스티븐 프라이: 조울증 환자의 비밀스러운 삶〉으로 미국 방송계 최고의 영예인 에미상을 수상했으며, 문화 분야에서 휴머니즘을 탁월하게 진작시킨 것을 인정받아 2011년 하버드 대학교에서 휴머니스트 채플린시Humanist Chaplaincy가 수여하는 평생공로상을 받았다. 지은 책으로 《그리스 신화Mythos》 《영웅Heroes》 등이 있다.

스티븐 프라이와의 대화

러디어드 그리피스

스티븐 프라이를 모셨습니다. 에미상을 수상한 배우이자 코미디언이시죠. 시인이기도 하고요. 오늘은 토론자로 오셨습니다. 스티븐, '멍크 디베이트'에 모시게 돼서 영광입니다.

스티븐 프라이

고마워요, 러디어드. 저도 기쁩니다.

러디어드 그리피스

스티븐, 이 토론에 조던 피터슨과 같은 진영으로 참여

한 이유가 뭐죠? 당신은 LGBT(레즈비언Lesbian, 게이Gay, 양성애자Bisexual, 트랜스젠더Transgender를 합쳐서 부르는 단어—옮긴이)의 권리를 공개적으로 지지하지 않았던가요?

스티븐 프라이

더 중요한 게 있다고 봤거든요. 바로 정치적 올바름PC, Political Correctness에 반대하는 레토릭이 전적으로 우파의 전유물은 아니라는 것입니다. 저는 제 자신을 온건 좌파, 물렁한 좌파로 봅니다. 거리를 행진하는 진보적인 사회주의자는 아니더라도 항상 자유주의적인 관점을 가지려 하죠. 그런 관점이 어떤 식으로 위협받고 있는지 알고 있습니다. 그리고 자유주의가 잡고 있는 권한을 새로운 우파가 어떻게 받아들이는지도 알고 있지요. 한때 우리는 문을 두드리는 이방인이었어요. 체제 전복적이고, 관습을 거스르며, 고약한 것을 말하고, 권위가 시키는 대로 하길 거부하는 이방인 말입니다. 하지만 지금은 위협받고 있어요. 특히 학계에서요.

현재는 학계가 전쟁터인 것 같습니다. 저는 그곳에서 일하지 않지만 익숙하기는 합니다. 상당히 오랜 시간을 보내기도 했고 학계에 친구도 많습니다. 한때 좌파가 침투하려고 노력하던 분야인데, 이제는 반대로 우파가 침투하려 애쓰고 있죠. 아시다시피 68년 이후 세대(1968년 학생운동을 주도했던 유럽과 미국 등의 세대—옮긴이)가 소란을 일으키고, 함성을 지르며, 시위를 하던 장이 학계였습니다. 같은 이유로, 오늘날 우파도 그렇게 할 수 있다는 점이 중요합니다.

정치적 올바름의 목적이 '다양성'을 기리기 위함이라면, 그 다양성은 의견의 다양성도 끌어안아야 합니다. 그렇지 않으면 의미가 없어요.

러디어드 그리피스

스티븐, 우리 사회는 널리 공유하고 있는 효능감이란 것이 있습니다. 특히 그 개방성 면에서 기리는 어떤 문화도 있는데요. 이른바 정치적 올바름 운동의 어떤 점이 그런 것을 약화한다고 생각하십니까?

스티븐 프라이

사실 '표현의 자유free speech' 문제는 중요합니다. 하지만 제가 강조하려는 점은 그게 아니에요. PC에서 무엇보다 제가 싫어하는 것은 스타일적인 면과 감정적인 면에서인데요. 독실한 척함, 경건한 척함, 독선, 분개, 분노, 독단, 비난, 성토, 창피 주기…. 그 모든 것이 극도로 불쾌합니다. 저는 결코 그런 것들을 참지 않습니다. 하지만 그런 특징들은 'PC가 별 효과 없다'는 사실만큼 중요하지는 않아요. 그게 바로 제가 강조하고 싶은 점입니다. PC는 역효과를 일으키고 있어요. 우파 신병들을 모집하는 하사의 역할을 하는 겁니다.

대학에 진학하는 18세 백인 청년이 있다고 가정해봅시다. 이 친구는 여러 가지로 혼란스러운 상태이고, 정치적인 센스가 "깨어 있는" 상태도 아니라고 하죠. 이 청년은 대학에서 "백인의 특권"이니 "이성애 중심적 규범"이니 하는 생소한 전문용어와 쓸모없는 말들을 듣게 되겠죠. 이 모든 공격성을 마주하며 그는 대체 무슨 생각을 하게 될까요? 정말 한심해요. 이게 핵심이라고 봅니다. 어리석은 거죠.

저는 체스를 좋아하는데 이런 말이 있습니다. 아마 네덜란드 체스 선수인 막스 외베Max Euwe가 한 말 같은데요. "당신이 절대 두지 않기를 상대방이 바라는 수, 그것이 체스에서 최고의 수다."《손자병법》의 말도 같은 맥락입니다. 당신이 설득하거나 이기고 싶은 바로 그 사람의 입장에 서야 하는 겁니다.

그런데 PC는 그렇게 하지 않습니다. 제 생각에, PC는 그저 아까 말한 모병관의 역할을 하고 있을 뿐입니다. 제가 만약 지금 열일곱, 열여덟 살이고 대학에 간다면, 음, 어떨까요? 아마 "에라, 모르겠다"라고 할 거 같아요. 저는 크리스토퍼 히친스Christoper Hitchens(칼럼니스트이자 작가. 무신론을 옹호하며 회의주의적이었다—옮긴이)같이 타고난 반골이고, 관습에 얽매이는 것을 싫어해요. 그래서 기존 체제를 흔들려고 합니다. 저는 이단적이며, 정통이라고 간주하는 것에 동의하지 않습니다. 거의 자존심 문제이죠. 시류를 따라가지 않고, 홀로 서려 노력해야 하는 거죠.

그래서 저는 좌파 자신이 마땅히 성취해야 한다고 보는 모든 것을 얻길 원한다면, 달리 접근해야 한다고 생각합니다. 좀더 관용적인 사회를 만든다는 고매한 목적을 성취하기 위해 노력해야지, 단순히 어떤 용어나 언어를 만들어내서 사람들이 그 불편하고 멍청한 표현을 쓰도록 강제하는 건 핵심이 아니라고 봅니다. 저는 동성애, 트랜스젠더, 이슬람, 외국인 등에 대한 혐오에 반대합니다. 또 편견, 인종주의, 그 어떤 형태의 불관용도 거부합니다. 제가 이 말을 반복하지 않아도 되면 좋겠군요.

좌파가 저지르는 커다란 오류 중 하나가 뭔 줄 아세요? 적의 명석함을 과소평가하는 것입니다. 트럼프 일가는 우리가 지성의 기반으로 생각하는 신성한 인문서를 읽지 않을지도 모릅니다. 하지만 그렇다고 그것이 트럼프 일가가 똑똑하지 않다는 걸 의미하지는 않습니다. 그들을 과소평가하는 것은 매우 어리석은 짓이죠. 역사가 보여줘요. 정말 바보 같은 짓입니다.

러디어드 그리피스

이번 토론의 쟁점 중 하나는 서로 다른 사회적 목표들이 여럿 있다는 점입니다. 이를테면 표현의 자유, 즉 개인의 선택을 존중하는 것 등을 예로 들 수 있죠. 하지만 또 우리가 매우 다양한 사회, 복잡한 사회에 살고 있다고 말하는 사람들도 있어요. 포용이란, 타인을 위해 '환영의 나팔trump'을 불어야…

스티븐 프라이

예. 압니다. 그런데 '트럼프'라는 단어는 쓰지 않는 게 좋을 것 같아요. 사용하지 못한다는 게 애석하지만요(동사 '트럼프trump'에는 '환영의 나팔을 불다'라는 의미가 있다—옮긴이). 다른 새로운 단어를 찾아보세요.

러디어드 그리피스

포용이야말로 기관, 심지어 사회의 주된 목표가 되어야 한다고 말하는 사람들이 있습니다. 다양성과 차이를 존중해 사람들을 하나로 묶고, 그렇게 더 건강하고 강력한 사회를 이룩한다는 거죠. 무슨 말인지 이해하실 겁니다.

스티븐 프라이

물론입니다. 맞는 말씀이에요. 하지만 그렇게 하기 위해 사람들에게 꼭 어떤 특정 언어를 사용하라고 강제해야 할까요? 한쪽에서는 터무니없는 후기 구조주의적 해석학을 인식하도록 압박하면서, 다른 한쪽으로는 무기력한 희망사항들을 인정하라니요…. 저는 그게 옳지 않다고 생각합니다.

사람들이 어떻게 재치를 부리는지 한 번 봅시다. 제가 고등학교를 졸업하고 대학에 진학하기 전에 잠시 학교에서 아이들을 가르친 적이 있는데요. 당시는 "불구자

handicapped"라는 단어 대신 "장애인challenged"이라는 단어를 사용하기로 결정된 때였어요. 서류상에도 그렇게 기재되었죠. 1979년쯤의 얘기로, 정치적 올바름의 초기 사례입니다.

그때 학교에서 한 아이가 넘어지자 다른 학생들이 그 아이를 가리키며 "장애인!"이라고 말한 기억이 납니다. 남을 놀릴 심산으로 즉시 전용해 써먹은 거죠. 저는 거기에 갈채를 보냅니다. 누군가 "패거트faggot!"(남자 동성애자에 대한 멸칭—옮긴이)라고 외쳐도, 게이인 저는 전혀 개의치 않습니다. 전 제가 그럴 거라는 걸 알아요. 하지만 보통은 저보다 더 약한 사람들을 위해서라도 신경을 써야 한다고 여겨지곤 하죠. 사실 저는 그런 행동이 세상에서 가장 건방지고 잘난 척하는 거라고 생각합니다.

제가 자라면서 경험한 '정치적 올바름'이 그와 똑같습니다. 그때는 일종의 종교적인 정치적 올바름이 문제였어요. TV프로그램의 욕설, 폭력성이나 선정성이 과도하다고 문제를 삼았어요. "나는 그다지 충격을 받지 않지만, 어린 아이들이 저런 걸 보고 놀라면 문제잖아요." 이런 식이죠. 아, 제발 좀 웃기지 말라고 해요. 그걸로는 충분하지 않다고요.

저는 그런 것에 반대합니다. 그건 교회 목사님들이나 하는 설교예요. 러시아에도 정치적 올바름이 있습니다. 러시아에서는 차이코프스키가 동성애자였다고 말할 수 없어요. 그건 러시아에서만 해당되는 정치적 올바름인 거죠.

우파 진영에도 정치적 올바름이 있습니다. '레드넥red-neck'(교육 수준이 낮고 교양이 없는 가난한 백인 노동자에 대한 멸칭—옮긴이)이라는 표현을 쓰면 무례하고 공격적인 것으로 간주됩니다. 그러니 이건, 그저 어느 한쪽 진영에만 해당되는 사안이 아닌 겁니다. 토론을 차단하고 논란을 일으키는 수법인 거예요. 아서 쾨슬러Arthur Koestler의 《한낮의 어둠Darkness at Noon》을 읽어보세요. 정치적 올바름의 가장 극단적인 모습을 볼 수 있어요. 그것은 항상 어떤 이상과 희망에 찬 목표로 시작하죠. 이를테면 평등한 사회, 공산주의의 시작, 프랑스혁명, 평등, 박애, 자유 그 모든 놀라운 목표들 말입니다.

프랑스혁명은 보안위원회Committee of General Security와 함께 막을 내렸는데, 이 보안위원회가 법을 하나 만들어 통과시켰습니다. 그 법은 "시민 드 로크는 혁명의 적이다"라고 쓰인 서류 한 장을 중앙광장 기둥에 붙여놓기만 하면, 그 사람이 체포되도록 하는 것이었어요. 트위터도 기본적으로 똑같습니다. 발상이 정확하게 일치해요. 비난, 증거도 없이 창피 주기, 단호한 자기주장 등을 하니 말입니다.

그리고 이 모든 것들은 가능한 한 최고의 이유를 위해 이루어집니다. 영국 성공회의 창시자이자 《기도서Book of Common Prayer》를 쓴 토머스 크랜머Thomas Cranmer는 이런 말을 했어요. "인간이 만들어낸 것 중 시간이 지나면서 전부 또는 일부라도 부패하지 않는 것은 없었다." 이상이란 늘 숭고하기 마련이죠. 그렇기 때문에 그것이 얼마나 고결한지 이야기하는 것은 좋아요. 하지만 오웰 식으로 표현하면, 결국에는 "바지를 입은 돼지"로 끝나게 되어 있어요(조지 오웰의 소설 〈동물농장〉에 나오는 독재자 돼지 나폴레옹을 가리키는 것으로 보인다—옮긴이).

바로 그런 일이 일어난 것입니다. 본질적으로 진보 좌파 진영이 학계의 전투에서 승리했고, 현재는 중년의 베이비붐 세대가 대학을 장악하고 있어요. 그들이 바로 바지를 입고, 무엇이 진리이고 무엇은 아닌지, 무엇을 받아들일 수 있고 무엇은 받아들일 수 없는지를 주장하고 있습니다. 다양성, 포용, 평등이라는 미명 아래 나쁜 일들이 수없이 벌어지고 있어요.

저는 그것이 더 큰 포용과 더 많은 다양성을 지연시킨다고 생각합니다. 이게 바로 문제예요. 적에게 힘을 실어주는 겁니다.

러디어드 그리피스

마지막 질문입니다, 스티븐. 이번 토론이 어디로 흘러갈 것이라고 보십니까? 1980년대와 1990년대에 대학 캠퍼스에서 그랬던 것처럼, 이 토론도 그것과 똑같은 방식으로 사라질 일종의 '발작'인 걸까요?

이렇게 말씀하실지도 모르겠네요. "봐요, 1968년의 잔향이 들리지 않나요?" 혹은 더욱 근본적인 변화가 진행되고 있다고, 새로운 부족주의tribalism(성별, 인종 등 동질적인 집단의 관점으로 세상 모든 것을 바라보는 사고방식—옮긴이)가 부상하고 있다고 생각하시나요?

스티븐 프라이

모르겠습니다. 미래를 예측할 수 있다는 자신감은 버렸어요. 불과 3년 전에도 지금의 세상이 어떻게 변할지 예측할 수 없었는걸요. 아마 저만 그런 것은 아닐 겁니다. 그 누구도 할 수 없는 일이고, 하지도 않았어요. 예측을 하는 척했던 사람들이 쓴 기사가 있다면, 제게 보여주세요. 과거 그들은 오늘날 세상이 어떤 모습일지에 대해 기사를 썼지만, 실은 아무도 예측하지 못했어요. 상황이 더 빨리, 더 복잡하게 변할수록 예측하기가 더욱 어려워지죠. 보다 혼란스러워지고, 보다 불안하며, 보다 비선형적인 공식이 되는 겁니다.

예측을 하기란 매우 어렵습니다. 그저 격변 속에서 계속 돌고 돈다고 말할 수 있을 뿐입니다. 저는 로마인들이 말한 '운명의 수레바퀴Rota Fortunae'를 믿는데요. 영국은 토니 블레어, 미국은 빌 클린턴, 그리고 유럽은 사회민주주의자들이 권력을 장악했던 때가 기억납니다. 의심할 여지없이, 필연적으로 정치란 이런 게 아닌가 하는 생각이 들었습니다. 중도 좌파와 가끔은 중도 우파 사이를 오가는 형세요.

그러다가 바퀴가 내려가고 위에 있던 사람들이 아래로 내려가는 겁니다. 이렇게 올라가고 내려가고를 반복하니 너무 비관적이 되지 않는 거죠. 인간과 인간성을 믿기도 하고요.

부족주의와 민족주의에 일어날 수 있는 최상의 시나

리오는 단연코 다른 행성의 침입입니다. 최초의 우주비행사가 지구를 돌아보고 이렇게 말했다죠. "세상에, 여기서는 희한하게 국경이 하나도 보이지 않네." 우주에서는 캐나다 서부와 미국 간의 국경이 위치한 북위 49도선이 안 보입니다. 독일과 프랑스, 러시아와 중국 사이의 국경도 안 보이고요. 그저 모든 게 하나의 땅덩어리인 거죠.

만약 화성인이나 금성인이 갑자기 공격해오면, 아마 우린 이런 걱정 따위는 하지 않을 겁니다. "아, 그런데 당신은 가톨릭이잖아." "당신은 유대인이야." "당신은 이슬람이야." 그러니까 제 말은, 그게 필요하다고요. 우리가 속해야 할 더 커다란 대의.

러디어드 그리피스

스티븐, 시간을 내주셔서 감사합니다. 토론 무대에서 활약을 기대하겠습니다.

스티븐 프라이

감사합니다. 저도 기쁩니다.

Jordan
Peterson

조던 피터슨 토론토 대학교 심리학과 교수, 임상심리학자. 《12가지 인생의 법칙12 Rules for Life》으로 일약 베스트셀러 작가가 되었다. 앨버타 대학교에서 정치학 학사학위를 받았고, 맥길 대학교에서 임상심리학 박사학위를 받았다. 하버드 대학교 심리학과에서 1993~1998년 동안 교수로 재직했다. 〈스펙테이터〉지는 피터슨을 "수년 동안 세계무대에 나타난 중요한 사상가 중 한 명"이라고 평했다. 피터슨의 유튜브 채널과 온라인 정신건강 프로그램은 폭발적인 조회 수를 기록하며 수많은 사람의 성원을 받고 있다. 지은 책으로 《의미의 지도Maps of Meaning》 등이 있다.

조던 피터슨과의 대화

러디어드 그리피스

이번에 모신 분은 조던 피터슨입니다. 토론토 대학 심리학과 교수이자 유튜브 인기 스타시죠. 세계적인 베스트셀러 《12가지 인생의 법칙》의 저자이기도 합니다. 최근 근황을 알려주시죠. 아주 재미있는 경험을 하셨다고요.

조던 피터슨

네. 2016년 10월 이후로 기본적으로 스캔들과 엔터테인먼트가 끊이질 않았지만, 개인적으로 저에겐 좋은 일들이 아주 많았습니다(캐나다 의회가 트랜스젠더에 대한 인칭 표현 등과 관련한 법률을 통과시키려 하자, 2016년 9월에 피터슨은 이 법을 비판하는 영상을 유튜브에 올려 일약 주목받기 시작했다—옮긴이). 그 대부분을 미디어는 정치적인 이슈로 보도했지만, 제게는 그 일련의 일들이 전혀 정치적이지 않았습니다. 제가 가장 많이 집중하는 부분은 개인 차원의 심리학적 작업입니다. 제가 임상심리학자이니 그게 적절하지요.

요즘은 책 홍보 투어를 하고 있습니다. 26개 도시를 돌았고 앞으로도 60개 이상을 돌아야 합니다. 30대로 보이는 한 분이 정치적인 주제에 대해 질문을 한 적이 있기는 합니다. 하지만 나머지는 모두 제 강연과 책이 핵심이었습니다. 사람들이 다시 한 번 개인 차원에서 삶을 추스르려는 시도에 초점이 맞추어진 것입니다.

제가 볼 때 그건 아주 좋은 일입니다. 요즘은 밖에 나갔을 때 대개 네댓 명 정도가 와서 말을 겁니다. 안 그러는 때가 거의 없어요. 어디를 가건 상관없이 사람들 모두 제게 같은 말을 합니다. 예의 바르고 따뜻하게 환영해주시죠. 공공장소에서 누군가와 부정적인 접촉을 하는 일은 전혀 없어요. 오히려 따뜻하게 환대해주십니다.

그분들은 제게 강연을 잘 보고 있다고 말씀하십니다. 인간관계가 순탄치 않거나, 경력 면에서 잘 풀리지 않거나, 또는 이러저런 이유들 때문에 힘든 시간을 보내고 있는데, 제 강연을 보고 듣는 게 큰 도움이 된다고 하십니다. 정말 멋진 일이죠.

러디어드 그리피스

요사이 정치적 올바름이라는 주제에 대해 매우 뚜렷하고 강경한 입장을 밝히셨는데요. 지금까지 해당 주제에 대해 글 쓰고 생각하신 것과 그에 대한 사람들의 반응이 이번 토론과 어떻게 교직된다고 보십니까?

조던 피터슨

저는 급진 좌파의 팬이 아닙니다. 그러면 아마 "음, 그렇다면 급진 우파를 지지한다는 의미인가요?"라고 말할 분이 있겠죠. 하지만 급진 좌파를 지지하지 않는다는 게 자동적으로 급진 우파를 지지한다는 의미가 되는 건 아닙니다. 그건 터무니없습니다. 하지만 대학, 특히 인문학과 사회과학 분야는 압도적으로 좌파적 사고의 지배를 받고 있습니다. 이건 제 상상이 아니라, 조너선 하이트Jonathan Haidt(미국의 사회심리학자. 많은 대학생들이 스티븐 핑커와 함께 자신들의 지적 영웅으로 꼽는다—옮긴이) 같은 저명한 학자가 꼼꼼하게 기록한 문서에 근거합니다.

저는 학생들을 하나로 연합시키려는 좌파의 신조가 비양심적이며 치명적이라고 생각합니다. 그건 기본적으로 집단주의자의 신조입니다. 그 부분이 매우 불편합니다. 좌파의 입장을 견지하는 것에는 모두 저마다의 이유가 있습니다. 누군가는 기질적인 면 때문에 일면 좌파 진영에 설 겁니다. 그런 기질은 없어지지 않지요. 또한 우리 사회가 계층 구조를 만들어낼 때, 음, 이건 필연적으로 생기는 현상인데요, 사람들이 맨 밑바닥에 계속 쌓이는 경향이 있습니다. 그런 결과를 만드는 것이 바로 계층 구조의 본질입니다.

이런 계층 구조에서 박탈당한 사람들은 목소리를 낼 필요가 있습니다. 좌파가 바로 그 역할을 하죠. 그건 좋아요. 하지만 우파가 극우로 치달을 수 있듯, 좌파 역시 극좌로 기울 수 있다는 것 또한 명백합니다. 그런데 좌파의 경우 극좌로 치달을 때, 그것이 매우 불분명하게 정의되는 면이 있습니다. 저는 그것을 받아들일 수 없습니다. 그리고 대학에서는 확실히 좌파가 너무 극좌로 가 버렸다고 생각합니다.

급진 좌파 철학은 포스트모더니즘과 신新마르크스주

의에 대한 모방으로 구성되어 있습니다. 이게 현재 사회과학과 인문학의 기저에 깔려 있는데, 제가 생각하기에는 전혀 유용하지 않습니다. 그건 연민하고는 상관이 없어요. 그러니까 저에게 결핍되었다는 뭐더라… 음, 그것과 상관없다는 말입니다. 뭐더라.

러디어드 그리피스

'공감empathy' 말씀인가요?

조던 피터슨

맞아요. 그건 완전 별개의 문제입니다. 정치적 올바름 문제에서 제가 정말 짜증나는 또다른 쟁점이 바로 그것입니다. "음, 공감이라는 감정은 단연코 우리가 잘 알지"라는 식으로 말하는 거요. 먼저, 공감만으로는 충분하지 않습니다. 심지어 '거의' 충분한 것도 아니고요. 오히려 공감이 과한 것은 끔찍한 일이 될 수 있어요. 둘째, 좌파는 공감이라는 감정을 잘 알지 못합니다. 그들은 본질적으로 집단 멤버십을 통해 사람들에게 정체성을 부여하는 철학과 동맹을 맺고, 현 상황만이 아니라 역사 자체를 서로 경쟁하는 집단들 간의 싸움터로 읽어냅니다. 제 생각에 그건 위험합니다. 사회자님이 만약 역사에 대해 조금이라도 안다면, 명백히 위험하다고 생각할 겁니다.

러디어드 그리피스

이번 토론에서 분명히 마주할 쟁점 하나는 바로 특권에 대한 것입니다. 당신이나 저 같은 사람들은 역사적으로 볼 때 인종, 계급, 젠더 덕분에 특권을 누려왔으니, 이제는 불이익을 당해온 집단과 좀더 공평하게 그 특권을 나눠야 할 시간이 되었다는 주장입니다. 이에 대해서는 어떤 견해를 갖고 계신가요?

조던 피터슨

그게 바로 공감과 이데올로기를 섞어버리는 좋은 사례입니다. 먼저, 어떤 사회든 주류 세력이 특권을 가집니다. 그건 사회라는 조직이 의미하는 요체예요. 대부분의 사람들이 성공할 수 있도록 해당 시스템을 세팅하고, 그러고 나서 소수자 보호책을 만드는 겁니다. 그런데 공감과 인종 문제와 섞다니요. 그것은 일종의 유해하고 교묘한 손재주 같은 거예요. 아주 위험합니다.

그런 점을 차치한다 해도, 공허한 주장이기도 합니

다. 어떤 사람은 이점을 누리고 어떤 사람은 그러지 못한다? 흠, 확실히 그렇죠. 그런데 만약 누군가를 수많은 카테고리로 나눈다고 해보죠. 그러면 몇몇 영역에서 그가 다른 사람보다 더 잘한다는 것을 알게 될 겁니다. 그리고 때로 다소 임의적인 이유로, 몇몇 영역에서는 다른 사람보다 더 못하고요.

그다음으로, 흠, 역사를 언급했는데요. 정확하게 얼마 동안의 시간을 말하는 거죠? 그러니까 150년 전 제 조상이 특권을 누렸다는 건가요? 그걸 지금 제가 갚아야 한다는 겁니까? 그런데 제 조상이 정말 특권을 누린 게 맞다고 확신하는 겁니까? 제 조부모님을 예로 들어보겠습니다. 제 아버지는 다섯 살 때까지 통나무로 만든 오두막에 살았습니다. 방은 전부 합쳐 세 개였지요. 할머니는 1930년대 서스캐처원 중부에 있던 농장에서 청소부로 일했습니다. 할머니는 탈곡 작업을 하는 인부들을 위해 요리를 해야 했고, 겨울을 나기 위해 집채만 한 통나무를 패야 했어요. 자, 이런 것이 특권인가요? 제가 백인이기 때문에 그 특권이 축적되어 저에게까지 오는군요. 아, 알겠어요. 그럼 이제 인종에 관해 토론을 하겠군요. 그런가요?

이게 바로 좌파의 행태 중 독소적인 부분입니다. 그저 모든 게 다 집단 정체성이에요. 좋습니다. 이 논쟁을 더 심화해보죠. 역사적 관점에서 피부색 덕분에 제가 남다르게 특권을 누린다고 합시다. 그래서요? 그게 어떻다는 거죠? 인종에 근거해 모든 사람들에게 역사적으로 발생한 불평등에 대해 대가를 치르게 할 셈인가요?

그러면 남녀 관계의 역사도 근본적으로 억압의 역사로 보겠군요. 이 논의도 아마 그런 식으로 풀려고 할 겁니다. 역사에 언제나 존재해왔던 근본적 재난으로부터 남성과 여성이 '협력'해서 벗어난 게 아니라는 주장을 하려고 하겠죠? 하지만 그렇지 않습니다. 비록 1895년 서구 세계의 평범한 사람은 오늘날 기준에서 볼 때 하루에 1달러도 안 되는 돈으로 살았다는 사실에도 불구하고 말입니다. 이 기준은 현재 UN이 지정한 극빈선에도 훨씬 못 미치는 수준의 삶을 의미합니다. 그렇다고 해도 "아니에요. 이 세상의 근본적 현실은 남성이 여성을 억압했다는 거예요"라고 말한 건가요?

러디어드 그리피스

이제, 이번 토론에서 분명히 다루게 될 두 번째 쟁점

을 말하지 않을 수 없군요. 바로 남성의 특권을 견제해야 한다는 건데요. 특히 미투 운동에서 보듯, 여성의 사회적 힘에 대한 인식과 각성 현상이 여성들 사이에서 일고 있으며, 이제는 그 점을 인정해야 한다는 겁니다. 이에 대해 어떻게 생각하시죠?

조던 피터슨

무엇보다 토론의 주제가 '권력'일 때 소름이 끼칩니다. 그 이유는 신마르크스주의와 연합한 포스트모더니즘의 신조 일부가 '모든 것은 권력에 대한 것이다'라고 말하기 때문입니다. 저는 이 연합이 세상에서 가장 이상한 연합이라고 생각하는데요. 저는 그들의 주장을 믿지 않습니다. 제 생각에 계층 구조가 권력이 되는 순간은 오로지 독재로 변했을 때뿐입니다. 비교적으로 볼 때, 저는 서구를 특징짓는 근본적인 계층 구조가 독재적이라고 생각하지 않습니다.

유토피아적인 상상 속의 천국 같은 계층 구조와 비교한다면야, 분명 완전한 지옥의 전형이겠죠. 하지만 현재 세계나 역사 속의 다른 모든 계층 구조들과 비교해보면, 우리는 기가 막히게 잘하고 있습니다.

팩트 하나를 짚어보죠. 1960년대에만 일어났던 일이지만, 일단 피임이 안정적으로 이뤄지면서 여성들은 더없이 환영받았습니다. 저항에 부딪치기도 했지만 기본적으로 환영받았어요. 권위를 내세울 수 있는 자리, 능력을 발휘할 수 있는 지위가 그들에게 열렸죠. 오늘날에는 인문학과 사회과학 분야 학생들 중 4분의 3이 여학생입니다. 보건 의료 분야는 여성이 장악하고 있고요.

자, 변화가 얼마나 빨리 일어날 거라고 예상하십니까? 정치적 압력이 없었다면 변화가 절대 일어나지 않았을 거라고요? 아니요. 미안하지만 아닙니다. 변화를 촉발한 건 안정적인 피임이었어요. 피임이 안정적으로 이루어지고 생리도 위생적으로 관리된 덕분이라고요. 아무도 고려하지 않은 이 모든 점들 덕분에 경쟁의 장이 열린 겁니다. 그렇게 전적으로 변화하기까지 거의 50년이 걸린 것 아닌가요? 대체 변화가 얼마나 빨리 일어날 수 있다고 생각하시죠?

러디어드 그리피스

예리한 지적입니다.

조던 피터슨

저는 기회가 평등해야 한다는 것에는 반대하지 않습니다. 기회의 평등을 반대하는 사람이 있다면 그 사람에게 묻고 싶어요. "대체 뭐가 문제입니까?" 아무리 사람들이 이기적이라고 해도, 누구나 기회의 평등을 선호할 겁니다. 물론 그 이기적인 것이 완전한 파괴를 의도하지는 않고, 그저 '단지' 이기적이라는 전제에서 그렇겠죠. 그렇게 기회의 평등을 선호하는 까닭은 적어도 그것이 자격을 갖춘 재능 많은 사람들을 최대한 많이 활용할 가능성을 주기 때문이죠.

그런데 결과의 평등은, 음…

러디어드 그리피스

그건 이번 토론에서 계속해서 알아보기로 하죠. 마지막 질문입니다. 사실 다른 토론자들에게 똑같이 하는 질문인데요. 이번 토론이 어디로 흘러갈 것이라고 보십니까? 우리는 일종의 '문화적 발작' 증세를 겪고 있는 건가요? 아니면 새로운 부족주의라든가, 혹은 해결하는 데 시간이 훨씬 오래 걸리는 일련의 적대감 같은 뭔가 더 근본적인 일이 벌어지고 있는 건가요? 어떻게 생각하세요?

조던 피터슨

각자가 다음 10년 동안 얼마나 잘 행동할지에 따라 달라질 거라고 봅니다. 모든 곳에서 정말 빠른 속도로 상황이 더 나아질 수 있을 거라 생각해요. 그렇지 않으면 우리는 20세기의 부족주의로 퇴행해버릴 겁니다.

양측에서의 압력이 대단할 겁니다. 저는 수많은 사람들이 제가 온라인을 통해 전달하는 심리학 자료를 마음에 새겨왔고, 자기 자신을 추스르기 위해 할 수 있는 일을 하고 있다는 사실에서 힘을 얻습니다.

하지만 지금은 거의 모든 것이 양극화된 정치 논쟁으로 변모한다는 사실에 낙담하게 됩니다. 그리고 모든 것이 정치적이지는 않다는 사실을 이해하지 못하는 것 같아요. 저는 정치적 올바름에 대한 토론이 정치적이라고 생각하지 않습니다. 오히려 신학적이며 철학적이죠. 그런데 그것은 항상, 아니 종종 정치화된 조건하에 제시됩니다. 특히 급진 좌파의 집단주의 이념에 영향을 받는 사람이 있다면, 그 사람에게는 오로지 그것만이 '유일한' 경쟁의 장일 것입니다. 그저 모든 것이 힘겨루기를 하며 서로 심하게 다투는 계층 구조의 문제인 거죠.

표현의 자유 문제는 정말 흥미롭습니다. 급진 좌파에

게는 표현의 자유에 대한 어떠한 토론도 없기 때문입니다. 그들 입장에서는 어떠한 표현의 자유도 없기 때문에 그것을 논할 수도 없습니다. 그럼 과연 뭐가 있을까요? 그들 각자의 집단 내에서 힘을 얻기 위해 계책을 부리는 사람들이 있습니다. 그들은 자신에게 이익이 될 만한 주장을 해대죠. 그게 바로 해석 체계interpretive system의 기본적인 이치입니다.

표현의 자유 문제가 정치화된 까닭이 뭔 줄 아세요? 만약 집단주의적 시각을 채택한다면, 표현의 자유라는 것은 케케묵은 생각이며 공상일 뿐이기 때문입니다. "당신은 자신이 자유롭게 말한다고 생각할지도 모르겠군요. 하지만 그렇지 않아요. 당신은 그저 자신이 가진 특권을 표현하고 있는 거랍니다."

러디어드 그리피스

자신의 젠더, 계급, 인종을 대표해서 말한다는 거군요.

조던 피터슨

정확합니다. 제가 생각할 때 정체성에 관한 포스트모더니즘의 주장 중 아주 어둡고 우스꽝스러운 것은 '교차성'이 출현했다는 것입니다(교차성이란 계급, 인종, 젠더, 장애 등의 요소들을 상호교차시킴으로써, 보다 복합적인 유형을 만들어내는 것을 의미한다—옮긴이). 교차성 이론가들은 사실상 집단주의적 시각의 아킬레스건을 발견했습니다.

그들이 지적하는 것은 이렇습니다. 음, 우리가 표준 집단을 다룬다고 하죠. 성, 민족, 인종 같은 것이요. 왜 이런 것들이 표준 집단인지는 모르겠지만 토론을 위해 그것들을 다룬다고 합시다. 그런데 그것들이 서로 상호작용하면 어쩔 건가요? 그건 마치… 그래요, 대체 어쩔 건가요? 그리고 좌파 진영의 관점에서 볼 때, 젠더가 무한대로 다양하다는 사실은 어떻게 하나요? 또 민족적 변형이 수를 셀 수 없을 만큼 많다는 사실은요? 그런 것은 어떻게 하려고 합니까? 설마 그 모든 것들 사이에 이루어지는 상호작용을 통제하겠다는 건가요? 네, 그렇겠죠. 그 이념을 포기하기 전까지는 통제를 시도해보겠다고 대답하겠죠.

하지만 사실을 말해볼까요? 서구는 급진적인 개인주의자의 관점을 취하기로 결심했습니다. 집단 정체성이란 것은 계속 분할하다 보면 개인의 차원에까지 이르게 되고, 바로 그 지점에서 '모든 사람은 독특하다'는 것을 알아냈기 때문입니다. 이런 사고방식의 기원은 최소 2,000년 전입니다.

앞으로 무슨 일이 벌어질지 저는 모릅니다. 이를테면 대학은 스스로 실패를 초래해왔어요. 대학이 그런 상황에서 빠져나올 수는 없다고 생각합니다. 저는 커다란 조직들이 무너지는 것을 봐왔습니다. 그런 일은 정말 자주 일어날 수 있죠. 심각한 오류 하나가 그런 결과를 초래할 수 있습니다.

러디어드 그리피스

감사합니다, 조던. 무대에 올라 자유롭고 열린 정신으로 다른 토론자들과 생각을 나누고자 하는 열정과 의지에 감사드립니다.

조던 피터슨

바라건대 토론이 순조롭게 진행되어 지성적인 논의가 되길 바랍니다. 우리가 무언가를 얻을 수 있었으면 좋겠군요.

Michael Eric **Dyson**

마이클 에릭 다이슨 조지타운 대학교 사회학과 교수, 전도사. 미국의 흑인들이 여전히 사회에서 억압당하고 있다고 주장하는 대표적인 흑인 인권운동가다. 프린스턴 대학교에서 종교학 석사학위와 박사학위를 받았으며, 브라운 대학교, 컬럼비아 대학교, 펜실베이니아 대학교 등에서 교수로 재직했다. 미국 공영 라디오 방송에서 〈마이클 에릭 다이슨 쇼〉를 진행하고 있으며, 〈뉴 리퍼블릭〉의 객원편집자다. 말콤 엑스, 마틴 루터 킹 주니어 등에 대한 주제로 20권 이상의 책을 집필하거나 엮었다. 2017년 발간한 《멈출 수 없는 눈물Tears We Cannot Stop》이 〈뉴욕 타임스〉 베스트셀러에 올랐다.

마이클 에릭 다이슨과의 대화

러디어드 그리피스

유명 작가 마이클 에릭 다이슨과 대화를 나누게 되어 영광입니다. 다이슨은 베스트셀러 작가이자 워싱턴 DC에 소재한 조지타운 대학교 교수입니다. 또한 미국 공영 라디오, ESPN 등의 방송에서 진행자로 활약하고 계십니다. 마이클, 토론토에 모시게 돼서 영광입니다.

마이클 에릭 다이슨

초대해주셔서 감사합니다.

러디어드 그리피스

현재 큰 화제가 되고 있는 주제에 대한 토론인데요. 물론 당신이 정치적 올바름의 '전체' 규범과 규칙에는 동의하지 않는다고 확신합니다. 그럼에도 불구하고 정치적 올바름의 어떤 요소가 우리 사회에서 진보의 지표라고 생각하시는 거죠?

마이클 에릭 다이슨

정치적 올바름은 좌파 진영에서 만들어냈어요. 사람들은 그 점을 잊어버리는 경향이 있습니다. 아, 발상 자체를 만들었다는 건 아니고요. 우리가 어떤 일을 할 때 조심하고 신중해야 한다는 관념을 좌파가 고안해냈다고 봅니다. 과하게 예민하게 굴지 않고, 까탈스럽지 않으며, 과장이나 변명도 하지 말아야 한다는 관념이기도 하죠. 이렇게 개념은 좌파가 만들었지만, 이를 보수 우파가 중간에 가로채버렸습니다. 그래서 이제는 '화가 나지만 그에 대해 더 이상 편협하게 굴 수 없는 것'이 곧 '정치적으로 올바르지 않은 것'을 의미하게 된 것 같습니다. 말하자면 나는 당신을 욕할 수 없고, 같은 방식으로 여성이나 유대인 또는 이슬람교도를 욕할 수 없는 겁니다.

그러니까 모든 것을 쉬쉬하는데, 그게 소위 말하는 정치적 올바름, PC인 것입니다. 아마도 당신은 많은 것이 정확하기를 원할 겁니다. 수표가 집으로 배달됐는데 숫자가 틀리다면 기분이 언짢겠죠? 그런 식으로는 우리는 많은 것이 올바르길 원합니다. 그런데 정치에는 정확한 측량법 같은 게 없어요. 음, 저는 주류에 대항하는 그룹, 주류가 보호하는 한계 바깥에 속한 집단 출신인데요. 우리가 하나의 국가로서 행한 일을 알릴 때 일종의 쓸데없는 편견을 이용하곤 했는데, 정치적 올바름도 그와 비슷하다고 생각합니다. 쓸데없는 편견을 고수하길 원하는 사람들의 심리 같은 거죠. 하지만 도움이 되는 점도 있어요. 비판적으로 자신을 보고, 여러 항목을 꼼꼼하게 살펴보고, 자기 삶을 성찰하고, 잃어버린 도전 의식을 다시 찾는 것은 유익합니다.

아시다시피 저는 대학에서 강의를 하고 있습니다. 그래서 사람들이 너무 예민한 나머지 어떤 곤란한 주제를 다루지 못하는 순간에 대해 비판적입니다. 예를 들어 '경찰 폭력'처럼 어떤 현실적인 문제에 대해 얘기를 나눈다고 하죠. 저는 일단 사전 경고trigger warning를 할 겁니다. "자, 보세요. 이렇게 심각한 문제를 다룰 겁니다. 해결하기 위해 노력해봅시다"라고요. 저는 안전 공간safe space(주로 서구 사회의 대학 캠퍼스에 마련된 공간으로, 소외감을 경험한 개인들이 모여 그 감정과 경험에 대해 이야기를 나눌 수 있는 장소—옮긴이)과 사전 경고가 필요하다는 요구를 일축하지 않습니다만, 학교는 무엇보다 활력 넘치는 배움의 장입니다. 때로는 그다지 좋아하지 않는 생각들에 맞서야만 하죠. 더 많이 발언해야 해요. 저는 말에는 말로 대응해야 한다고 믿습니다.

물론 어떤 발언은 혐오 행위로 연결되기도 하고, 그 자체로 악랄하고 혐오스러운 행위가 되기도 합니다. 하지만 저는 어려운 문제와 대면하는 것이 많은 경우에 우리가 앞으로 나아가는 데 도움이 된다고 생각합니다. 그래서 이렇게 말할 수 있게 되겠죠. "그것 참 괜찮은데? 그걸 좀더 발전시켜보자."

러디어드 그리피스

아마 상대편 토론자는 '특권' 개념을 반박하며 이를 쟁점 중 하나로 삼을 것입니다. 여기서 특권이란, 상대편 토론자와 비슷한, 즉 백인이자 일반적으로 계급 사다리 위쪽에 자리 잡고 있는 남자들이 누리는 특권을 의미합니다. 이들 공동체가 살아온 역사적 경험과 당신 공동체가 살아온 역사적 경험은 서로 대조적입니다. 그런데 이렇게 대비되는 맥락에서 다른 이들의 목소리를 이해해야 한다는 생각에 이들은 분개하죠. 또 사람들은 그런 상황을 보고 긴장하고 불안감, 분노를 느끼고요. 이에 대해 어떻게 생각하시죠?

마이클 에릭 다이슨

와, 정말 놀랍군요. 특권을 누려온 사람들이 이제는 화가 나서 목소리를 높인다고요? 정말입니까? 제가 무엇에 놀라는지 아십니까? 백인 남성들, 특히 대학생들을 '눈송이snowflake'(자신이 특별하다고 믿고, 모욕이나 공격에 극도로 민감하며, 정치적 올바름의 감각을 지닌 젊은이를 일컫는 조롱 표현—옮긴이)라고 부르는 백인 남성들 있죠? 그런데 정작 가장 심하게 '눈송이 같은' 백인 남자가 누굽니까? 아, 그저 알아보려는 겁니다. "안 돼요, 엄마. 이제부터 장난감을 모래 놀이통에 두면 안 되고 함께 나눠 써야 한대요. 그건 내 건데!" 이렇게 말하는 사람들이 누구죠?

아니, 이거 농담 아닙니까? 세상에, 그 사람들이 백인이라고요. 건장한, 이성애자, 백인, 남성 말입니다. 저는 흑인입니다. 그래도 아무튼 남자니까 이점을 누리냐고요? 물론이죠. 남성 위주의 사회, 가부장제 사회에 살고 있으니까요. 수치數値적으로 그렇다는 게 아니라 관점, 이념, 철학적인 측면에서 그렇다는 겁니다.

그렇기 때문에 백인들이 특권에 관해 '눈송이'같이 굴고, 난리법석을 떨고, 투덜거리며, 불평을 할 때, 저는 음, 실제 토론에서 말할 거지만, 카이저 소제(영화 〈유주얼 서스펙트〉의 주요 인물—옮긴이)를 인용하겠습니다. "악마가 한 일 중 가장 잘한 것은 사람들이 악마가 존재하지 않는다고 믿게 만든 것이다"라고요. 여기서는 그게 바로 백인 남성의 특권입니다. 그들이 가장 잘한 일은 바로 그 특권을 감추려 한 겁니다. "뭐요? 뭐? 우리가 뭘 가졌다는 거요?"

뭘 가졌는지 제가 말씀드리죠. 그들은 거의 모든 은행을 경영하고, 대부분의 나라, 대학을 장악해 다스리고 운영합니다. 엄청난 이점을 누리죠. 그런데 사람들은 백인 남성이 특권을 가졌다는 것이 '모든' 백인 남성이 특권을 누린다는 의미는 아니라고 생각해요. 잘못 이해하고 있는 겁니다. 이건 남보다 먼저 출발하고 앞서간다는 의미예요. 미국에는 짐 크로Jim Crow 법으로 알려진 아파르트헤이트, 즉 흑인 차별 정책이 있었습니다(짐 크로 법은 공공시설에서 백인과 유색인종 분리를 골자로 한 법으로, 미국 남부 11개 주에서 1876년부터 1965년까지 시행되었다. 흑인들은 화장실, 식당, 극장, 버스 등의 공공시설에서 백인과 분리되어 차별을 받았다—옮긴이). 백인 전용 음료수대와 흑인 전용 음료수대가 따로 있었지요. 백인이 대부분의 자원을 가졌었어요. 하지만 그게 모든 백인이 자원을 갖는다는 의미는 아니라고요? 아니, 그건 당신이 백인이라면 성공할 가능성이 더 높다는 뜻입니다.

그런데 어떤 면에서는 이렇게 먼저 출발하는 게 일을 더 힘들게 만들 수도 있습니다. "아니, 당신은 백인인데 실패를 했다고요? 무슨 문제 있어요?" 이런 겁니다. 백인인 당신은 이점을 가지고 출발했어요. 흠, 경제적 불평등은 사실입니다. 모두에게 영향을 미치는 경제 침체도 엄연한 사실이고요. 그러니 우리는 역경을 이기려고 애쓰는 백인들에게 공감합니다. 그런데, 게임에 참여조차 하지 못하는 역경은 어떤 건지 한 번 상상해보세요. 전설의 야구선수 베이브 루스는 최고의 선수들을 상대로 700여 개의 홈런을 때려낸 게 아니에요. 최고의 '백인' 선수들을 상대로 얻어낸 거죠.

이제 우리는 백인 아이들만큼이나 라틴계나 흑인 아이들의 실력이 좋다는 것을 알아요. 그래서 그 아이들에게 경쟁할 기회를 주고 있죠. 공평한 경쟁의 장이 있고 규칙이 명확하다면, 제시 잭슨 목사(흑인 인권운동가, 정치인—옮긴이)가 말했듯 백인들은 사실을 직시해야 합니다. "오, 우리는 지금까지 늘 혜택을 받아왔어. 경쟁을 사실상 통제했지. 우린 흑인들을 학교에 들여보내지 않았어. 하버드, 예일, 프린스턴에 안 받아줬지." 그렇지 않아요?

자, 그러니 백인 여러분, 뭐라고 말할 건가요? 이제는 무슨 마법이라도 부리겠다는 겁니까? 억울하다고 분개할 건가요? 물론 그렇겠죠. 그런데 그 억울함이 마땅하고 타당한 항의라고 생각합니까? 아니에요. 당신들은 그저 불평하는 거예요. 누구든지 이점을 누리다가 그걸 포기해야 하면 화가 나죠. 위대한 래퍼인 매드 래퍼Madd Rapper도 그랬잖아요. "아들아, 그들에게 왜 네가 미치도록 화났는지 말하렴Tell'em why you're mad, son."

백인 친구들에게 무례하게 굴려는 건 아니지만, 볼장

다 본 게 현실입니다. 300~400년 동안의 서구 역사를 한 번 살펴보세요. 백인들은 사람들의 삶에 가한 불합리하고 비이성적인 공격을 정당화하기 위해 계몽주의를 이용했어요. 백인들은 노예제도, 짐 크로 법을 시행했습니다. 그런데, 뭘? 대체 뭘 더 불평하는 거죠? 이제는 우리가 함께 나눠야 합니다.

여기 토론토에서 어떤 남자가 사람들을 죽이고 다녔어요. 아시죠? 영 스트리트Yonge Street에서 사람들을 쫓아가서 죽였죠. 그 이유가 데이트를 하지 못해서였답니다! 게임을 하려면 제대로 해야죠. 여성에게 말 거는 법을 배우는 게 먼저라고요. 우리 모두 다 그렇게 하고 있어요. 다른 사람들이 하는 방법대로 하라고요. 자, 이렇게 말해보죠. 제가 춤을 추러 갔어요. 그런데 상대방이 나를 거절해요. 그러면 저는 다시 가서 시도해봅니다. 대부분의 사람들은 그렇게 해서 결혼을 하는 겁니다. 연애라는 게임의 속성이 그런 거라고요.

자, 그런데 백인인 당신은 자신에게 뭔가 더 특별한 매력이 있다고 느끼는 겁니다. 라켈 웰치Raquel Welch(1960, 70년대 미국의 영화배우—옮긴이)같이 섹시한 미녀를 얻을 수 있는 합당한 이유가 있다고 생각하는 거예요. 아니,

미안하지만 그건 아닙니다. 대부분의 사람들에게는 해당 사항이 없어요. 그런 주장은 좀 멍청하고 근거도 희박합니다.

러디어드 그리피스

이번 토론에서 다룰 또다른 쟁점을 말씀드리겠습니다. 다이슨, 당신은 인종과 젠더 문제를 정치적 대화의 중심에 놓고, 사람들의 정체성이 그 인종과 젠더에서 비롯된다고 주장하고 있습니다. 그런데 그것은 우리 사회에 부족주의의 씨앗을 뿌리는 행위이고, 우리가 공동의 목표, 하나의 목적을 추구하기 위해 단결하지 못하게 한다는 반론이 있지요. 이 점에 대해 어떻게 생각하시죠?

마이클 에릭 다이슨

글쎄요, 우린 그저 백인처럼 되고 싶을 뿐입니다. 아, 죄송합니다. 여러분 모두처럼 되고 싶다는 말입니다! 누가 이 논쟁을 시작했죠? 미국 원주민이 시작했나요? 아니면 이곳 캐나다의 토착민들인가요? 아닙니다. 확신은 못하겠습니다만 역사를 찾아보면 인종을 발명해낸 건 백인들일 겁니다. 그런데 이제 뜻대로 통제가 안 되니까, 할 이야기를 잃어버린 거예요. 그래서 이제는 언짢다는 건가요?

흑인들은 인종을 만들지 않았습니다. 유색인들도 인종을 만들지 않은 건 마찬가지고요. 여성들 역시 젠더를 만들지 않았죠. 이런 것들은 모두 우리 인간성을 빨아들이고 고갈시키는 호수인데, 인간이 만들어냈습니다. 그렇다면 왜 우리는 문제의 중심에 인종을 두는 걸까요? 그렇게 해야 하기 때문입니다. "아, 정말 미안하지만 대화의 중심에 인종을 둬야겠어요. 경찰이 거리에서 저를 계속 죽이려 들거든요."(미국에서 경찰의 가혹 행위 또는 과잉 대응으로 인해 흑인이 죽고 희생당한 사건들이 여럿 있었다—옮긴이) 또는 이렇게 이유를 댈 수도 있겠죠. "당신이 스타벅스에서 줄곧 경찰을 호출해대잖아요."(LA의 스타벅스에서 아무런 잘못이 없는 흑인 손님을 경찰에 신고해 체포하거나, 화장실 사용을 피부색에 따라 제한한 사건 등이 있었다—옮긴이) 아니면 이렇게 말해볼까요? "만약 내가 그저 바비큐라도 해먹고 있는 날이면, 당신은 전화를 걸고…" 대체 누가 문제의 중심에 인종을 두는 거죠? 나는 그저 바비큐를 해 먹으려는 것뿐이라고요!

또는 이런 문제 때문이기도 합니다. "저는 클리블랜

드에 사는 열두 살 소년이에요. 장난감 총을 가지고 놀려고 한 것뿐인데, 당신이 오더니 2초 만에 저를 죽였어요."(경찰 앞에서 장난감 총을 휘두르다 경찰 총격에 사망한 소년 타미르 라이스 사건을 의미한다—옮긴이) 과연 누가 대화의 중심에 인종을 두는 걸까요? 우파 진영에 있는 친구들은 우리에게 이런 관행이나 행동이 전혀 존재하지 않는 척하기를 바랍니다. 소설가 고어 비달Gore Vidal이 "기억상실증에 걸린 미국"이라고 부른 곳에 우리가 살기를 바라는 거죠. '기억상실증에 걸린 영국' 또는 '기억상실증에 걸린 캐나다'라고 해도 괜찮겠네요.

하지만 우리는 이런 문제가 존재하지 않는 척할 수 없습니다. 그냥 사라지게 할 수 없어요. "인종이니 계급, 젠더에 대해서는 얘기하지 맙시다. 당신이 우리를 분열시키고 있잖아요." 아, 그런가요? 백인은 말하자면 기본default 위치에 있었습니다. 굳이 드러낼 필요가 없었죠. 자신이 백인이라고 알릴 필요가 없었다고요. 당신이 지배적이라면 그걸 굳이 공표할 필요가 없습니다. 모든 게 그래요. 당신이 어떤 일을 하면 그건 그냥 그런 겁니다. 위대한 철학자 비욘세가 콜린 캐퍼닉에게 어떤 상을 수여하며 말했죠. "사람들이 그러더군요. 인종주의가 곧 미국이라고. 그러니까 인종주의에 도전하는 것은 곧 미국에 도전하는 것과 같습니다."(팝스타 비욘세가 프로 미식축구 선수 콜린 캐퍼닉에게 무하마드 알리 인권상을 수여하며 한 말이다. 2016년, 캐퍼닉은 경찰 폭력과 인종 불평등 문제에 항의하는 의미로, 게임 전에 애국가가 연주될 때 무릎을 꿇었던 일이 있다—옮긴이).

지금까지는 어떤 특정 관행, 집단, 부족 정체성이 미국의 정체성이었습니다. 신화적 개인주의와 거대한 남성성을 컬트적으로 추종하는 문화보다 더 부족적인 것이 뭐가 있습니까? 그리고 대체 언제 남성성이 유해하고, 모자라며, 하나의 국가를 지탱하기 위한 충분한 이상을 만들어낼 수 없다고 증명되었나요? 음, 그건 이미 낡아빠진 사상입니다. 그 후 비난 게임이 시작되자, 그 게임을 만들어낸 장본인들이 해당 게임을 통제할 수 없다며 화를 내는 겁니다.

하지만 게임을 만들어낸 건 바로 '당신'입니다. 당신이 모노폴리 보드게임을 만들었는데 게임 판에서 돈이 떨어지자 화가 난 거예요. 규칙이라는 걸 배우세요. 바로 당신이 만든 규칙 말입니다. 하지만 희망컨대 우리가 인종, 계급, 젠더, 성적 지향 또는 타자성에 대해 이야기할 때, 부디 다른 사람도 인간임을 중요하게 고려해주길 바랍니다.

인종은 백인이 만들어냈다는 점을 인정하는 게 정말 중요하다고 생각합니다. 데이비드 흄, 임마누엘 칸트 등 위대한 철학자들은 백인이라는 부족적 정체성을 옹호하기 위해 철학적 명민함을 효율적으로 이용했습니다. 그리고 토머스 제퍼슨은 버지니아에서 지낼 때, 낮에는 검둥이의 이성적 능력에 의문을 제기하는 글을 쓰면서, 밤에는 흑인 하녀 샐리 헤밍스와 동침했습니다. 세상에, 육체가 이성에 승리를 거둔 거죠.

백인이라는 정체성, 캐나다인이나 미국인 또는 유럽인이라는 정체성이 발전하고 진화한 역사를 살펴보면 백인이 투자한 것들이 매우 많다는 게 현실입니다. 글자 그대로 그들이 인종이라는 개념을 만들었는데, 이제 와서 통제를 넘어서고 더 이상 이점을 누릴 수 없게 되니까 불평을 하는 겁니다. 심지어 희생자가 됐다며 과장하든가요.

아까 "사람들이 눈송이같이 군다"며 불평하는 백인들에 대해 말했었는데요. 정말, 저는 그런 문화를 접해본 적이 없습니다. 징징거리는 분위기 말입니다. 백인들은 자기 소유의 포도원이 있었지요. 그런데 이젠 그냥 계속 불평하고 징징거립니다! "포도가 진홍색이네, 분홍이네, 너무 빨갛네!" 이러면서요. 그저 감정적으로 징징거리기만 한다는 게 놀랍기만 합니다. 제 생각에, 우리는 현상을 있는 그대로 봐야 한다고 생각해요.

러디어드 그리피스

흠, 마이클, 당신은 현상을 있는 그대로 보셨지요.

마이클 에릭 다이슨

고맙습니다.

러디어드 그리피스

토론토에 와주셔서 감사합니다. 사회자로서 저도 이번 토론을 한껏 즐길 수 있을 것 같습니다.

마이클 에릭 다이슨

저도 많이 기대됩니다.

Michelle
Goldberg

미셸 골드버그 〈뉴욕 타임스〉 칼럼니스트, 언론인. UC버클리에서 언론학으로 석사학위를 받았다. 2009년 출간한 《생식의 수단: 성, 권력, 그리고 세계의 미래 The Means of Reproduction: Sex, Power, and the Future of the World》에서 세계 각지 여성들의 임신·출산권 투쟁 현장을 광범위하고 치밀하게 그려낸 것으로 호평받았다. MSNBC에서 정치 논평을 하고 있으며, 〈가디언〉 〈뉴요커〉 〈뉴스위크〉 〈워싱턴포스트〉 〈뉴리퍼블릭〉 등에 글을 기고하고 있다. 2016년 미국 대통령 선거에서 민주당 후보 힐러리 클린턴을 공개 지지했다.

미셸 골드버그와의 대화

러디어드 그리피스

미셸 골드버그를 모셨습니다. 미셸은 〈뉴욕 타임스〉 칼럼니스트로, 수상 경력이 있는 저자이기도 합니다. MSNBC 등의 방송국에서 논평가로도 활약하고 있습니다. 이제 토론 전 발언을 하시겠습니다. 토론토에 모시게 되어 매우 기쁩니다, 미셸.

미셸 골드버그

초대해주셔서 감사합니다.

러디어드 그리피스

자, 그러면 시작 발언을 해주시겠습니까?

미셸 골드버그

본 토론에서도 말씀드리겠지만, 이 주제를 처음 제시하셨을 때 저는 조금 망설였습니다. 정치적 올바름의 기준에 부합하는 것들 중에 제가 진보로 간주하지 않는 것들이 많다고 생각했기 때문이죠. 저는 늘 칼럼에서 '노 플랫포밍no-platforming'(어떤 신념이 위험하거나 받아들일 수 없다고 생각해 그것을 공개적으로 표현할 기회를 주지 않는 관행—옮긴이)이라든가, 지나치게 사회정의를 강조하는 대학 캠퍼스 문화의 일면에 대해 비판적인 입장을 견지해왔어요.

그런데 상대편 논객들이 누구인지 알게 되니, 이번 주제인 '정치적 올바름은 과연 진보라고 할 수 있는가?'에 지지를 표명하기가 조금 더 쉬워지더군요. 특히 조던 피터슨이 PC라고 부르는 것을 저는 진보라고 생각합니다. 피터슨은 여성, 성소수자, 젠더 소수자에 대한 차별을 인정하거나 고치려는 거의 모든 노력을 '자연 질서에 대한 PC의 공격'으로 보고 있습니다.

다른 상대편인 스티븐 프라이는 이 점에 대해 조금 유화적이라고 생각합니다. 제 생각과 그분의 생각이 일치하는 부분도 좀더 많을 거예요. 하지만 프라이는 우리가 지금 비판하는 특정 인물의 조각상 철거를 격렬히 반대하죠. 저는 거기에 동의하지 않습니다. 문화란 바뀌는 것이고, 누구를 기리고 축하하며 기념할지는 사람들이 결정하게 둬야 한다고 생각합니다.

러디어드 그리피스

아마 실제 토론에서 프라이와 피터슨 모두 다음과 같은 주장을 할 것으로 예상됩니다. 즉, 개인이 자신을 스스로 정의하고 그 마음을 표현하며 이를 실천하는 능력이 바로 서구 프로젝트의 핵심, 계몽주의의 요점이라는 주장이죠. 설사 그 과정에서 소외된 집단이 일부 해를 입게 되더라도 말입니다. 해당 논점에 어떻게 응수하실 건가요?

미셸 골드버그

흥미로운 점이 있어요. 토론자들이 각기 다른 3개국에서 왔는데, 저마다 '표현의 자유free speech'와 '혐오표현 규제법hate speech law'에 대해 다르게 이해하고 있다는 겁니다. 우선 저는 미국의 자유주의적인 표현의 자유 개념을 지지합니다. 그리고 여기 캐나다와 영국에는 혐오표현 규제법이 있는데, 이것은 미국에선 받아들여지지 않는 개념이라 제게는 매우 생소합니다.

저는 혐오표현 규제법을 그다지 지지하지 않아요. 그 점에 대해서는 다소 시민 자유주의를 옹호하는 입장입니다. 개인의 권리와 집단의 권리를 대치시키는 이분법은 기만적이라고 생각합니다. 어떤 집단을 차별하면, 그건 바로 개개인이 충분히 자신을 표현하고 잠재력을 실현시키고자 하는 능력을 방해하는 겁니다.

구성원 개개인이 자유롭게 자신을 추구할 수 없다면 과연 어떻게 될까요? 그때는 여성 개인이나 유색인종 개인이 누릴 권리도 없어질 겁니다. 그래서 저는 개인의 자유와 집단의 시민권 운동이 서로 대치된다는 생각에 반대합니다. 저는 우리 측이야말로 계몽주의 진영이라고 생각해요.

러디어드 그리피스

'존엄성' 그리고 '다양성의 공표'에 관해 그렇게 말씀하시는 건가요?

미셸 골드버그

계몽주의란 게 결국 뭘까요? 문화라는 건 바꿀 수 있다는 생각 아닌가요? 전통적인 구조에 신세지지 않으며 인간의 자유는 더욱 확대된다는 생각, 그게 바로 계몽주의예요. 사회 질서란 극도로 취약하기 때문에 거의 모든 것을 희생해서라도 보호해야 한다, 이런 생각이 피터슨의 작업에 흐르고 있다고 저는 생각합니다. 그리고 그게 계몽주의와 더욱 불화한다고 봅니다.

러디어드 그리피스

미셸, 당신은 '정체성 정치identity politics'(각 사회적 집단이나 정체성에 기반한 정치 행태를 뜻한다. 해당 집단의 권리와 이익 실현에 몰두한다—옮긴이)에 대해 글을 많이 썼습니다. 비판적인 사람들은 정체성 정치가 담론의 중심에 인종, 젠더, 계급을 놓는 것이 잘못이라고 말합니다. 우리가 공통된 입장을 찾고, 합의를 발전시키고, 공동의 목표를 추구하는 능력을 저하시킨다는 거죠. 조던 피터슨은 이 모든 것이 매우 부족주의적이고 파괴적이라고 반아들입니다. 아마 스티븐 프라이도 동의하리라 예상되는데, 이에 대해 어떻게 생각하시죠?

미셸 골드버그

그렇게 보신다니 흥미롭습니다. 미국에서는 보통 젠더, 인종, 성적 정체성 문제에 초점을 맞출 때, 그것을 계급 기반 정치의 대척점에 두는 식으로 논쟁을 펼치거든요. 서로 반대하는 그룹이나 이해관계가 없다면 그건 정치가 아니잖아요? 정치란 그런 것입니다. 서로 반대하는 그룹들이 서로 논쟁하는 것. 문제는 그게 어떤 그룹이냐는 거지요.

미국에서 정체성 정치가 비판받은 지점은 그것이 계급을 희생시켜 인종이나 젠더 문제를 부각시켜왔다는 것이었습니다. 그래서 결론적으로 뉴딜 연합(1930년대 뉴딜 정책으로 형성된 노동자, 농민, 흑인, 여성 등 비주류 사회 세력의 연합. 민주당 장기 집권의 토대가 되었다—옮긴이)을 약화했다는 거죠. 하지만 미국에 한정해서만 보면, 뉴딜 연합은 인종이라는 모래톱을 만나 좌초되었습니다. 이 연합은 시민권 운동에 의해 붕괴되었어요. 그러나 그걸 우회할 수는 없어요. 반드시 정면으로 뚫고 나가야 하죠. 정면 돌파를 하지 않으면, 계속해서 여성과 소수 인종의 권리는 예속될 거라고 말하는 셈입니다.

러디어드 그리피스

토론의 또다른 쟁점은 남성과 여성의 문제, 현재 진행 중인 미투 운동입니다. 남성의 권력, 그리고 이른바 여성의 예속성에 대해 우리가 '문화적 공포' 상태에 있다는 주장을 듣게 될 거라 예상됩니다. 이 점에 대해 어떻게 생각하시나요? 앞으로 미투 운동이 어떤 식으로 전개될 거라고 보시죠?

미셸 골드버그

참 흥미로워요. 미투 운동은 음, 2017년 9월경에 시작됐죠? 그리고 대략 석 달, 아니 불과 몇 주 만에 모든 사람들이, "맙소사, 너무 멀리 나간 것 아냐?"라고 이야기를 하잖아요. 하지만 관련 행위로 실제 체포된 사람들을 살펴보면, 미투 운동이 포괄적 의미의 스탈린주의식 심문 혹은 재판이 되었다는 주장은 좀 과장이라고 봅니다.

빌 코스비(미국의 코미디언으로, 약물 주입 후 성폭행을 한 혐의를 받고 있다. 그에게 성폭력을 당했다고 주장하는 여성은 수십 명에 달한다—옮긴이)를 예로 들어볼까요? 그가 실제로 감옥에 가려면 두 번의 재판을 더 해야 합니다. 또한 그 악랄한 강간에 대해 비슷한 이야기를 하는 여성들이 아주 많이 나와야 하고요.

하비 와인스타인(헐리우드 영화제작자로, 수십 년간 여배우 등에게 성희롱과 성폭력을 저질렀다는 의혹을 받고 있다. 미투 운동을 촉발한 인물이다—옮긴이)의 경우는 어떤가요? 그가 직업을 잃은 건 사실이에요. 하지만 그 사람도 믿을 만하고 구체적인 증거가 반복적으로 나온 다음에야 기소되었어요. 와인스타인이 아주 많은 여성들에게 돈을 지불해 입막음을 하려 했다는 증거들이었죠.

지위나 직업을 잃었다는 사람들이 있기는 하지만, 그들은 삶을 잃은 것도, 자유를 잃은 것도 아닙니다. 극단적인 반공주의의 광풍을 몰고 온 매카시즘(1950년대 초에 미국 공화당 의원 매카시가 행한 선동 정치—옮긴이)적 마녀사냥이 아니에요. 구체적인 증거를 갖추고 독립적으로 확증되는 수많은 사례에 근거해 기소된 거죠.

'남자'가 직업을 잃는다, '남자'가 결과에 대한 대가를 치른다… 이런 것들은 아직까지는 흔치 않은 일입니다. 정말 새로운 현상이죠. 저는 거기에서 문화적 공포가 비못된다고 생각합니다. 남자는 처벌받지 않는 문화가 이제는 끝났다는 공포요.

러디어드 그리피스

남성이 지금까지 누려온 역사적 특권에 대해 다시 생각해봐야만 할까요? 그래서 그 특권에서 완전히 물러나는 건 아니더라도, 최소한 여성들 그리고 역사적으로 불이익을 받아온 다른 집단에게 자리를 좀더 만들어줘야 한다고 보십니까?

미셸 골드버그

저는 사실 그보다 좀더 작은 일부터 시작해야 한다고 생각해요. 말하자면, 음, 직장에서는 성기를 끄집어내지 않는 것부터요.

솔직히 저는 여성이 어떤 '요구'를 하고 있다고 생각하지 않습니다. 그저 '말'하고 있는 정도죠. "있잖아요, 만약 토론 패널로 참여를 하는데 모두 남자만 있다면, 특히나 주제가 여성 문제라면, 그런 일은 하지 말라고요." 아시겠어요? 실제 남자들에게 요구되는 것과 몇몇 남자들이 요구받고 있다고 인식하는 것 사이에는 엄청난 차이가 있다고 느껴집니다.

그게 바로 이번 토론의 일부겠지요. 그렇죠? 제가 아는 남성들, 저와 함께 일하는 남성들은 의식적으로 여성의 지위를 좀더 올리기 위해 노력합니다. 남자와 여자가 똑같은 일을 하고 회사에서 지위도 동등하다면, 보수도 똑같이 받도록 하죠. 하지만 저는 우리가 남성들에게 일종의 스탈린식 재교육 캠프에 갔다 오라고 요구하는 건 아니라고 생각합니다.

러디어드 그리피스

마지막 질문입니다, 미셸. 이 토론의 핵심이 결국 어떤 면에서는 '공손함'에 대한 것이라고 생각하나요? 그러니까 제 말은, 이른바 PC라는 말을 경멸적으로 사용하는 사람들을 볼 때 어떤가요? 그들의 비판 대부분이 단순히 태도나 성향에 관한 것이라고는 생각하지 않으십니까? 즉, 서로를 훨씬 더 공손하게 대하는 것을 지지하는 집단, 개인, 단체를 대변하려는 이들의 태도나 성향을 비판하는 것일까요? 어떻게 생각하십니까?

미셸 골드버그

네. 저는 PC를 지지하는 사람들이 바라는 건, 일정 부분은 아마도 '더 나은 태도'일 거라고 생각합니다. 그 점에서 1980년대 말, 1990년대 초에 일어났던 '정치적 올바름'을 둘러싼 공포감을 회고해보면 참 흥미롭습니다. 당시 사람들이 참을 수 없었던 것은 갑자기 더 이상 토착민을 '인디언'이라고 부를 수 없고, 조롱하는 의미로 '저능아'라는 말을 사용할 수 없게 됐다는 점이었어요. 함께 일하는 성인 여성을 '아가씨'라고 불러서도 안 되었고요. 정말이지 목에 뭐라도 콱 박힌 것 같았겠지요. 동성애자를 빗댄 농담도 할 수 없다니!

그런 것들 대부분이 짐작컨대 이제는 완벽하게 통합되어 있어요. 지금 우리는 그런 종류의 언어를 사용하려는 생각조차 하지 않죠. 그런 것을 전혀 억압으로 느끼지도 않고요. 그런 말 표현이 그저 무정하고 퇴행적이라고 생각할 뿐입니다.

오늘날에도 비슷한 일이 벌어지고 있다고 생각합니다. 이런 변화가 부자연스럽게 느껴지고, 목에 뭔가 콱 박혀 있는 것 같은 거예요. 하지만 효과 있고 사회적 효용이 있는 것들은 완벽하게 언어에 통합될 것입니다. 그렇지 못한 것들은 끝내 사라져버릴 것이고요. 이전 시대의 정치적 동요 상황에서 일부 기괴한 요구들이 서서히 사라져버렸듯 말입니다.

러디어드 그리피스

미셸, 감사합니다. 토론토에 모시게 되어 영광입니다. 토론 무대에서 다시 뵐 것을 기대하겠습니다.

미셸 골드버그

감사합니다.

2부

토론

정치적 올바름은 과연 진보라고 할 수 있는가?

그렇다 ○ 마이클 에릭 다이슨, 미셸 골드버그

아니다 × 스티븐 프라이, 조던 피터슨

러디어드 그리피스

신사숙녀 여러분, 환영합니다. 저는 러디어드 그리피스입니다. 오늘밤 토론의 사회자 역할을 맡게 되어 영광입니다.

먼저 시청과 청취를 해주시는 청중 여러분에 대한 환영인사로 시작하겠습니다. 캐나다의 공공채널 CPAC, 미국의 C-SPAN을 통해 이 방송을 보고 계신 북미의 청중 여러분, 그리고 CBC라디오의 〈아이디어〉를 통해 청취하고 계신 모든 분들 반갑습니다.

또 바로 지금 이 순간 페이스북 라이브, 블룸버그 닷컴, 멍크 디베이트 닷컴에서 6,000건 이상의 스트리밍으로 토론을 보실 온라인 시청자 여러분에게도 따뜻한 인사를 드립니다. 오늘밤 토론에 여러분을 참여자로 모실 수 있게 돼서 정말 뜻 깊습니다.

지금 이 시간 방청객 3,000명이 멍크 디베이트를 지켜보기 위해 로이 톰슨 홀을 꽉 채워주셨습니다. 오늘날의 주요 현안을 다루는 고품격 토론인 멍크 디베이트에 지속적인 지지와 성원을 보내주셔서 감사합니다.

오늘밤 흥미진진한 토론을 앞두고 있습니다. 먼저 토론 주제를 공개합니다.

"정치적 올바름은 과연 진보라고 할 수 있는가?"

이를 지지하는 찬성 팀을 소개하겠습니다. 유명 저자이자 학자, NPR 방송 캐스터로 활약하고 있는 마이클 에릭 다이슨 씨를 환영해주세요.

마이클의 토론 파트너 또한 유명 저자이자 〈뉴욕 타임스〉의 칼럼니스트입니다. 이번 토론에서 매우 특별하고 강력한 관점을 펼칠 것입니다. 여러분 미셸 골드버그 씨를 소개합니다.

이 대단한 팀에 맞설 분들의 화력 또한 엄청납니다.

반대 팀 토론자로 스티븐 프라이 씨를 모셨습니다. 그는 에미상을 수상한 배우이자 시나리오 작가이며, 저자, 극작가, 저널리스트, 시인입니다.

스티븐의 토론 파트너로 조던 피터슨 씨를 모셨습니다. 조던 피터슨 씨는 토론토 대학 심리학과 교수이자 유튜브 스타입니다. 또한 세계적인 베스트셀러《12가지 인생의 법칙》의 저자이죠.

토론에 앞서 여기 3,000명의 방청객 분들께 의견을 묻는 투표를 진행했습니다. 토론 전 투표 결과입니다. "정치적 올바름은 과연 진보라고 할 수 있는가?"에 대해 '그렇다'가 36퍼센트, '아니다'가 64퍼센트였습니다.

그리고 이번 토론을 보고 마음을 바꿀 의향에 대한 투표도 했는데요. 토론 이후에도 의견을 고수할 것인지, 아니면 토론자들의 의견에 설득된다면 의견을 바꿀 수 있는지를 물었습니다. 결과를 발표하겠습니다. 응답자의 87퍼센트가 견해를 바꿀 의향이 있다고 답했고, 13퍼센트는 바꾸지 않겠다고 답했습니다. 네, 열린 마음을 가진 청중들이십니다. 이 토론은 주어진 규칙대로 진행됩니다.

자, 합의된 발표자 순서에 따라 먼저 미셸 골드버그

씨가 6분에 걸쳐 모두발언을 해주시겠습니다.

○ **미셸 골드버그**

초대해주셔서 감사합니다. 러디어드 씨도 아시듯 저는 이번 토론의 주제를 보고 처음에는 좀 망설였습니다. 정치적 올바름의 기준에 부합하지만 진보라고는 할 수 없는 것들이 많다고 생각했기 때문입니다. 저는 '노플랫포밍'이나 '사전 경고'를 좋아하지 않습니다. 수많은 중년의 자유주의자들처럼, 저 역시 학생들의 사회정의 문화가 여러 부분에서 당혹스럽습니다. 소셜미디어를 통해 싸움을 거는 문화의 유해성에 대해 젊은 세대와 기성세대 간에 견해 차이를 보이죠. 거기에 뭐 새로운 점이 있나 싶습니다만, 제가 좋아하지 않는 생각을 하는 사람들과 토론을 하는 것도 좋겠다는 생각에 오늘 이 자리에 나오게 되었습니다.

따라서 오늘 청중 여러분 가운데 '사회정의의 전사 social justice warrior'(주로 인터넷에서 사회정의와 정치적 올바름을 이야기하며 적극적으로 토론을 벌이는 사람을 가리킨다—옮긴이)가 계신다면, 먼저 사과를 드려야 할 것 같네요. 아마 제가 그분들의 생각을 적절하게 방어한다고 느끼지 못하실 겁니다. 하지만 제가 오늘 이 토론 무대에 선 이유는 정치적 올바름이란 그저 대학 캠퍼스 내의 극렬 좌파 진영이나 트위터에서 지독하게 구는 사람들만을 위한 용어가 아니라고 생각하기 때문입니다. 정치적 올바름 개념은 여성, 인종 혹은 성소수자들이 차별을 극복하고 그런 차별이 실재한다고 주장하기 위한 시도를 비합법적인 것으로 만드는 데 사용될 수 있습니다. 피터슨 씨가 그 일을 잘해내셨죠.

오늘 〈뉴욕 타임스〉에서 피터슨 씨가 하신 말을 인용해보겠습니다. "우리 문화가 억압적인 가부장제라고 보는 사람들은 현재의 계층 구조가 능력에 입각해 만들어진 것일 수 있음을 인정하고 싶어 하지 않는다." 저는 이 말이 완전히 미친 소리로 받아들여지지는 않습니다. 아시다시피 저는 미국인이고, 우리 대통령은 도널드 트럼프니까요. 하지만 이건 기존의 계층 구조에 도전하는 것은 무엇이든 정치적 올바름으로 간주하는 세계관의 토대를 이룬다고 봅니다.

그리고 이건 사실상 표현의 자유에 관한 토론이 아니라는 점을 확실히 해야 한다고 생각합니다. 피터슨 씨는 "평등, 다양성, 그리고 포용성이라는 악의 삼위일체"

라고 표현하며, “이 세 가지 단어, 누군가 평등, 다양성 그리고 포용성이라는 말을 하는 것을 들으면, 그 사람이 어떤 사람인지 알아보고 옆으로 한 발자국 벗어나야 합니다. 받아들일 수 없기 때문이죠”라고 말한 바 있습니다.

피터슨 씨는 영화 〈겨울왕국〉이 PC의 선전 수단이라고 주장했고, 대학의 교육 과정 내용을 데이터베이스로 구축해 학생들이 포스트모더니즘 비평 이론을 피할 수 있게 하자는 아이디어를 제시하기도 했습니다.

정치적 올바름을 비판하는 소리를 듣다 보면, 어떤 특정 범주를 만들어놓고 거기에 끼워맞춰 분석하려 한다고 느껴져요. 사회정의 좌파를 식민주의, 가부장제, 백인우월주의의 기미가 보이는 것은 무엇이든 없애버리려는 최악의 모습으로 그리려는 시도 같은 것을 예로 들 수 있습니다.

저는 또한 우리가 계몽주의의 가치에 대해 토론한다고도 생각하지 않습니다. 스티븐 프라이 씨는 계몽주의의 가치를 옹호하는 분이라고 생각하는데, 최소한 그가 표현하는 방식의 계몽주의의 가치랑은 아주 다르다고 봅니다. 여기서 말하는 계몽주의는 한때 땅을 소유한 백인 이성애자에게만 용인되었던 권리와 특권을 확장하기 위한 노력입니다. 아니면 그런 노력이 계몽주의에 잘 어울린다는 거죠. 고인이 된 백인 남성 존 스튜어트 밀의 말을 인용해보겠습니다. "관습의 폭정이 만연하며, 그것이 지속적인 인류 진보의 방해물로 존재한다."

하지만 이 말과는 대조적으로 상대 팀의 누군가는 관습이 가하는 폭정에 도전하는 행위인 PC가 초월적인 자연 질서를 공격한다고 보는 것 같습니다.

다시 피터슨 씨가 한 말을 인용해보겠습니다. "모든 젠더와 성에는 저마다 대처해야 할 불평등적 요소를 갖게 마련인데, 그걸 사회 구조의 결과라고 생각하면 어떻게 합니까? 세상에, 그렇다면 자연 자체는 어떻게 볼 건가요?"라고 하셨어요. 하지만 예외가 있어요. 피터슨 씨는 어떤 종류의 불평등을 바로잡는 사회적 개입이 있다고 믿는 것 같습니다. 그래서 아마 〈뉴욕 타임스〉에서 "성별 때문에 균등한 배분을 받지 못하는 남자의 고민을 해결하기 위해 강화된 일부일처제"를 주장한다고 말한 것 아닐까요?

정치적 올바름과 관련해 우리는 전에도 비슷한 토론을 한 적이 있습니다. 《미국 정신의 종말The Closing of the

American Mind》의 저자 앨런 블룸Allan Bloom은 학계에 대한 페미니즘의 "폭정"을 크메르 루주에 비교했는데요. 그가 그 책을 쓸 때 대학에서 여성의 종신직 교수 비율은 10퍼센트였습니다.

우리가 1980년대에 정치적 올바름 논쟁을 했던 때를 돌아볼 필요가 있습니다. 그때 성가시고 터무니없을 정도로 '정치적 올바름'으로 간주되었던 것들을 들여다봐야 해요. 최소한 미국에서는 토착민을 '인디언'이라고 부르지 못하고, 귀화해 미국인이 된 사람들을 지칭할 때 '아프리카계 미국인'처럼 '-계 미국인'이라고 불렀었죠. 또한 여성이나 유색인종을 서구 문명에 포함시키고, 동성애자를 빗댄 농담을 하지 않고, '저능아'라는 표현을 욕으로 간주했습니다.

압니다. 새로운 개념, 새로운 단어를 말해야 하는데, 입에 착착 달라붙지 않아요. 우리가 예전에 이야기하고 생각하던 방식이 언뜻 자연스럽고 정상적인 것으로 보입니다. 사회적 효용이 있다고 하는 새로운 용어, 개념 등이 생겨나고 이것들을 써야 하는데 입에서 잘 나오지 않습니다. 1970년대로 돌아가면 그때는 미즈Ms 논쟁이 있었어요. 미스Miss나 미시즈Mrs 대신 미즈를 쓰자고 했죠. 그리고 여성을 의미하는 '위민'의 철자도 'women'이 아닌 'womyn'으로 쓰자는 주장이 있었고요. 미래에는 우리가 과거를 돌아보며 한때 젠더 중립적 대명사를 존재의 위협으로 느낀 사람들도 있었다는 생각을 하며 놀라워할 날이 오기를 바랍니다.

하지만 저는 그게 확실하다고 생각하지도 않습니다. 그런 일은 벌어지지 않을 수도 있어요. 왜냐하면 지금 세상을 돌아보면 혼돈을 잠재운다는 미명하에 사실상 세계시민주의를 축소하고 가부장제를 복귀시키는 곳이 상당히 많기 때문입니다. 그런 곳은 살기에 끔찍한 곳 같아요.

저는 미국인입니다. 현재 미국에서는 'PC를 극복한다'는 명목으로 사회의 진보를 후퇴시키는 대대적인 시도가 일어나고 있습니다. 그곳에 사는 사람으로서 제가 단언하는데, 그건 전혀 진보로 느껴지지 않습니다. 감사합니다.

러디어드 그리피스

멋지게 토론을 시작해주셨군요. 미셸, 감사합니다. 그럼 이제 반대 팀의 조던 피터슨 씨 발언 부탁드립니다.

조던 피터슨

안녕하십니까. 먼저 우리가 이야기하고 있는 것이 무엇인지부터 결정해야겠습니다. 우리는 PC에 관한 제 견해에 대해 토론하는 게 아닙니다. 아마 청중 여러분은 방금 미셸 골드버그 씨의 말에서 뭔가를 추론할 수 있겠지만요.

저는 이렇게 생각합니다. 우리에게는 본질적으로 우리를 하나로 묶을 불분명하지만 야심 찬 서사 비슷한 무엇인가가 있어야 하는 겁니다. 하나로 묶을 이야기가 필요해요. 안 그러면 평화를 얻지 못하니까요.

현재 대학과 사회 전반에 펼쳐지고 있는 것은 두 가지 근본적으로 불확실한 서사 사이의 논쟁입니다. 두 가지 중 완전히 정확한 것은 없습니다. 모든 자세한 사항을 아우를 수 없기 때문이죠. 확실히 인류에게는 개인적 요소와 집단적 요소, 즉 그룹적 요소가 모두 있습니다. 자, 그렇다면 어떤 이야기가 가장 중요한 것이 되어야 할까요?

저는 이렇게 생각합니다. 서구에서 우리에게는 합리적으로 기능하고, 자유로우며, 매우 생산적이고 안정적인 계층 구조가 있습니다. 이 계층 구조는 일반적으로 그로 인해 만들어지는 박탈당한 사람들을 고려합니다. 우리 사회는 지금까지 있었던 그 어떤 사회보다, 현재 이 세상 어딘가에 있는 그 어떤 사회보다, 더 자유롭고 더욱 효과적으로 기능하고 있습니다. 개인적으로 저는 이렇게 가정할 충분한 이유가 있다고 생각하는데요. 서구 사회에서 우리가 지금껏 지향해온 근본적이며 불확실한 거대 담론(서사)은 개인이 주권을 행사했음을 말해주는 지표 중 하나이기 때문입니다. 그리고 그건 모든 것을 고려할 때, 타인과 소통하는 최고의 방법은 개인과 개인의 소통이라는 점을 전제로 한다고 생각합니다. 그들을 심리적 과정의 일부라고 전제하고 대하는 겁니다. 그런 심리적 과정을 통해 우리는 아직 이해하지 못하고 있는 어떤 것을 탐구할 수 있고, 사회에서 아직 적절하게 체계화되어 있지 않은 것을 바로잡을 수 있는 것입니다. 권리와 책임이라는 두 가지 측면에서 개인으로서의 우리가 소중한 이유는, 권리와 책임을 이행하는 것이 바로 우리의 본질적인 목적, 고결함 그리고 기능이기 때문입니다.

제가 볼 때 현재 특히 대학에서 시작되어 (유감스럽게도 재계를 포함해) 사회 저변으로 확산되고 있는 것은 '집단주의적 서사'입니다. 아, 물론 집단주의적 서사에도 효용성은 있지요. 우리 모두가 각기 다른 방식으로 어떤 집단의 일부니까요. 하지만 제가 PC로 간주하는 집단주의적 서사는 이상한 방식으로 포스트모더니즘과 신마르크스주의를 모방했습니다. 그들의 근본적인 주장은 이렇습니다. 당신은 본질적으로 개인이 아니고 어떤 집단의 일원입니다. 그 집단은 민족이 될 수 있고, 성별, 인종 등 당신이 속한 수많은 집단 중 하나입니다. 당신이 소속된 곳은 그렇게나 많으니까요. 그래서 당신은 본질적으로 그 집단에서 당신과 비슷한 다른 사람들과 함께 분류될 것입니다. 이것이 바로 첫 번째 명제입니다.

두 번째 명제는 이 세상을 다른 힘을 가진 집단들 사이에 벌어지는 전쟁터로 보는 것이 세상을 바라보는 적절한 방법이라는 겁니다. 그래서 당신은 집단을 먼저 정의하고, 그 집단이라는 맥락에서 개인을 봅니다. 그리고 집단 간의 전투를 집단 맥락에서 바라보고, 역사 자체는 서로 다른 집단이 계책을 부린 힘의 결과로 봅니다. 그러면 본질적 차원에서 개인은 물론 표현의 자유를 고려하지 않게 되지요. 그런 식으로 심정적으로 집단주의자가 된다면 표현의 자유 같은 것은 존재하지 않게 됩니다. 표현의 자유는 '급진 좌파' 대 '나머지 우리'가 벌이는 논쟁이 아닙니다. 그런 구도에서는 개인주의자에게 표현의 자유란 것은 존재하지 않습니다. 표현의 자유란 세상을 이치에 맞게 보고, 사회를 적절한 방식으로 재구성하는 방식이기 때문입니다.

그런데 급진 좌파 유형의 집단주의자에게 표현의 자유는 정치적 올바름의 관점과 관련이 있습니다. 당신이 하는 말, 실행하는 모든 행동은 당신이 속한 집단을 대표해 벌이는 파워 게임입니다. 당신이 할 수 있는 일은 없어요. 그게 전부니까요. '현재 개인으로서 당신은 누구인가'라는 관점, '사회가 어떤 식으로 비쳐져야 하는가'의 관점에서 전부일 뿐 아니라, 역사의 근본적인 서사에 있어서도 전부라는 겁니다. 예를 들면, 현재 대학에서 서구 문명의 개념을 잡을 때 사용하는 최고의 방법은 '남성 주도의 억압적 가부장제'이고, 수 세기에 걸쳐 남성과 여성의 관계를 해석하는 최고의 방법도 '남성이 여성을 억압해왔다'라고 주장하는 겁니다.

압제성이 없는 계급 구조는 존재하지 않습니다. 그건 자명한 진리입니다. 사람들은 그 점을 수천 년 동안 인식해왔어요. 그리고 계급 구조는 독재로 기울며, 힘을 가진 사람의 찬탈로 연결되는 경향 또한 있습니다. 하지만 그런 일은 오직 계급 구조가 부패했을 때 일어납니다. 우리 사회에는, 계급 구조가 받아들일 수 없을 만큼 부패할 때 이를 방지하는 제도가 있고 상당히 잘 운영되고 있습니다.

이런 점도 지적하고 싶습니다. 이 토론에서 공감이 유용한지 아닌지를 가린다든가, PC를 반대하는 측은 공감 능력이 없는 거라는 생각은 하지 마십시오. 프라이 씨도 확신하시듯 저 역시 잘 알고 있는데요, 계급 구조는 사람들을 바닥에서부터 쌓아 올라가는 상황을 만들어내는 성향이 있습니다. 그 서열에서 박탈당한 사람들에게 정치적 목소리가 필요하다는 게 좌파가 내는 타당하고도 필요한 견해죠. 저도 잘 알고 있습니다.

하지만 그렇다고 우리 정체성이 근본적으로 우리가 소속된 집단에 의해 정해지는 것은 아닙니다. 그렇게 소속된 결과, 우리가 집단으로서 서로 전투를 하고, 그러므로 전체 세상은 서로 다른 형태의 폭력의 각축장이라고 해석하는 것이 거대하고 통일된 서사를 제대로 분석하는 방법이라고 주장들을 하지요. 저는 그것도 맞지 않다고 봅니다.

우리가 그런 서사를 만들어낸다면, 그건 진보가 되지 않을 겁니다. 제 말을 믿으세요. 그리고 대학에서는 확실히 '진보'가 이루어지지 않고 있습니다. 윌프레드 로리에 대학에서 벌어진 사건을 생각해보세요(조던 피터슨은 명예훼손으로 윌프레드 로리에 대학을 고소했다—옮긴이). 그렇다면 진보를 기대하기는 어려울 겁니다. 대신 좌파의 특성을 보여주는 것과 똑같은 종류의 부족주의를 목격하게 될 것입니다. 감사합니다.

러디어드 그리피스

감사합니다, 조던. 이제는 마이클 에릭 다이슨 씨의 6분 발언을 시작하겠습니다.

마이클 에릭 다이슨

감사합니다. 캐나다에 오게 돼서 정말 기쁘군요. 저는 지금 이 연단 앞에 서 있습니다. 저는 목사이기도 한데요. 그러니 제 말이 끝나면 여러분께 헌금을 하라고 하겠습니다.〔웃음〕

이건 일종의 지적인 아름다움 경연대회에서 벌어지는 수영복 경연입니다. 자, 여러분께 제 지적 사고의 곡

선미를 보여드리겠습니다. 가만, 제가 지금 정치적으로 올바르지 않은 발언을 한 거 아닌가요? 어쩌다가 정치적 올바름에 대한 담론이 우리와 마니교 신자들을 구별하는 차별의 장이 되어버린 걸까요? 제가 지금 말한 것을 상상해보세요. 상황이 아주 명확하죠? 하지만 동시에 그 말이 시작된 맥락에서 살펴보면 그리 명확하지 않습니다. 제가 흥미롭게 여기는 것은 이런 겁니다. 급진 좌파라고 하는데, 그들은 대체 어디에 있는 거죠? 저는 그들과 합류하고 싶습니다. 그들은 아무것도 아닌 것을 위해 애쓰고 있는 게 아닙니다. 한 남자가 트위터를 이용해 매일 자신이 지닌 사악함의 도덕적 허위를 그가 초자연적 변기 의자로 만들어버린 나라에 전달합니다. 저는 바로 그 나라 사람이고요. 캐나다의 여러분에게는 저스틴 트뤼도 총리가 있지만, 우리 미국인에게는 트럼프가 있죠.

정치적 올바름이 좌파를 풍자하는 초상으로 탈바꿈했다는 것이 흥미롭네요. '정치적 올바름'이란 용어를 만들어낸 것은 좌파입니다. 제가 상기시켜드릴까요? 우리는 변명과 과장에 넌덜머리가 나 있었습니다. 우리는 자아비판을 할 용의가 있습니다. 아마도 제 동포들은 원하지 않을지도 모르지만 말입니다. 여러분, 자신을 너무 심각하게 받아들이지 마세요. 웃으세요. 대신 자기 자신 말고, 여러분이 하는 일을 아주 심각하게 받아들이십시오. 지금 그것이 급진 좌파를 특징짓는 시도로 탈바꿈했습니다. 급진 좌파란 은유입니다. 상징이고 하나의 표현입니다. 그런 것은 존재하지 않습니다. 숫자도 너무 적지요. 저는 대학에서 가르치고 있는데요. 그런 학생들을 많이 보지 못합니다.

정체성 정치에 대해 들을 때면 저는 깜짝 놀랍니다. 집단주의자의 정체성 정치라고요? 제가 알아보니, 인종은 지배적 문화가 만들어낸 산물입니다. 여러 집단의 요구에 의해 지배적 문화가 만들어낸 거라고요. 다시 말하면 지배적 문화가 다른 문화를 지배하기 위해 어떤 요구를 해서 이루어진 것이 인종의 발명입니다. 가부장제는 어떨까요? 가부장제는 남성의 독점적 시점을 제시하기 위해 만들어진 산물입니다. 페미니즘의 아름다움이 무엇인 줄 아십니까? 남성과 여성의 차이를 해결하려 들지 않는다는 점입니다. 그저 남성이 자동적으로 최종 결정을 내리지 않는다고 말할 뿐이죠. 물론 제가 종사하는 직업 세계의 남성들은 절대 그렇게 하지 않습니다.

그래서 정체성 정치는 우파가 말하는 혐오의 대상, 즉 '검은 야수'로 창조되었습니다. 하지만 우파는 처음부터 흑인, 황인, 그 밖의 유색인종과 여성 그리고 성전환자들에게 정체성이라는 게 어느 정도로까지 떠넘겨졌는지를 이해하지 못합니다. 스타벅스에서 사람들에게 지속적으로 혐오를 당하는 사람들 집단에 제 자신이 스스로 속하길 원한다고 생각하십니까?

저는 제가 흑인이라는 걸 항상 의식합니다. 길을 걸으면 집단 정체성을 느끼게 되는 일이 많지요. "이야, 저기 검둥이가 걸어가네. 똑똑하고, 자기 생각을 잘 표현하고, 수다스럽고, 망설임 없이 장황한 미사여구로 분노를 그럴듯하게 잘 포장해내는 검둥이. 저 사람이 지닌 법적 지위의 진실성에 대해 따져서는 안 돼." 사람들이 이렇게 말하지는 않습니다. 하지만 사람들은 어떤 한 집단의 일부로 저를 대합니다. 친구들은 인정하고 싶어 하지 않는 점입니다만. 문제는 그런 주도권, 그 집단의 지배가 너무도 사악해서 지금까지 우리가 개인으로서 존재할 기회조차도 거부되었다는 것입니다.

개인주의는 현대성을 대표하는 특징입니다. 피터슨 씨의 말이 옳습니다. 하지만 개인의 발전은 '지성'이라는 인식에 근거합니다. 철학적으로는 임마누엘 칸트, 데이비드 흄이 이런 입장이었습니다. 그리고 데카르트가 지식을 가지고 싸움에 끼어들죠. 그는 지식이란 일종의 인간 지성을 참고하는 것으로, 사람이 가지고 있는 반사경에 근거한다고 말합니다. 그런데 그 지식은 우리 존재가 거하는 곳에 뿌리 내리고 있습니다.

지식이란 육체적 근거를 가지고 있어요. 제가 말하는 것은, 유색인종으로서 제가 거론하는 지식이 내 몸 안에서 차이를 만들어낸다는 겁니다. 사람들이 나에 대해 무엇을 생각하는지 알고 그들이 어떻게 제게 반응하는지 알기 때문이죠. 거기에 무슨 이론 같은 것은 없습니다.

제가 '사전 경고'에 화가 나 있다고요? 제가 원하는 사전 경고는 딱 하나입니다. 경찰이 해주기 바라는 경고지요. "당신, 나를 쏠 건가요?" 흑인 젊은이들이 무장도 하지 않고 도발도 하지 않았는데 죽어나가는 일이 반복되는 미국에서는 이건 결코 웃자고 하는 소리가 아닙니다.

그래서 저에게 정체성 정치는 아주 심각한 문제입니다. '안전 공간'에 대해 재미있는 점은, 음, 저는 대학에 대한 이야기를 듣습니다. 저는 대학에서 가르치고 있는데요, 보세요. 당신의 몸에 안전한 공간이 있다면, 당신에게는 안전한 공간이 필요 없습니다. 여기서 어떤 면은 잔뜩 부풀려져 있고 또 어떤 점은 우스꽝스럽습니다. 저도 이해합니다. 저는 강의실이 진지한 배움이 이루어지는 강건한 장소라고 믿습니다. 또한 계몽주의가 제시하는 교화적 문제를 상호 이해한다는 전제에 근거한 지식이 던지는 의문도 믿습니다. 그와 동시에 사람들과 동등하지 않은 사람들이 있으니, 그들이 어떤 상황에서 나타났는지 이해해야 합니다. 또한 그들은 무지했으며 자신의 문화로부터 공격받았다는 것도 알아야 하고요.

그야말로 가장 심하게 '눈송이같이 구는' 사람들은 백인들입니다. 그들은 이런 식으로 불평을 늘어놓죠. "엄마, 엄마, 저들이 우리를 못 놀게 해요. 전에는 우리가 옳았고, 인종 차별을 하고, 지배하고 가부장제를 했었는데 말이에요. 그땐 동성애자와 성전환자들도 미워했었는데, 이젠 그렇게 못 한대요. 예전에 가지고 있던 모든 것을 나눠야 한대요." 그렇습니다. 이제는 나눠야 합니다. 당신들의 세상이 아니라 모두를 위한 세상이니까요.

끝내기 전에 마지막으로 한 말씀 드리겠습니다. 소설가 데이비드 포스터 월러스가 이런 이야기를 했는데, 아마 기억하실 겁니다. “물고기 두 마리가 헤엄쳐 가는데 반대 방향에서 그들보다 나이 든 물고기가 헤엄쳐 오고 있었다. 나이 든 물고기는, ‘이보게, 물이 어떤가?’ 하고 물었다. 젊은 물고기들은 계속해서 수영해 가다가 서로를 바라보며, ‘물이라는 게 대체 뭐야?’ 하고 말했다.” 물속에 있을 때는 물을 알 수 없습니다. 당신이 지배하고 있을 때도 그걸 모르고요. 영화 〈유주얼 서스펙트〉의 카이저 소제가 악마에 대해 한 말이 있죠? “악마가 한 일 중 가장 흥미로운 것은 사람들이 악마가 존재하지 않는다고 믿게 만든 것이다.” 백인우월주의가 그렇습니다.

러디어드 그리피스

감사합니다, 마이클 에릭 다이슨 씨. 자, 이제는 스티븐 프라이 씨 차례입니다. 6분을 재도록 하겠습니다.

× 스티븐 프라이

가능하면 빨리하겠습니다. 늦어서 런던행 비행기를 놓치면 신랑 어머니한테 잊고 싶은 이야기를 두고두고 듣게 될 테니까요(스티븐 프라이의 성 정체성은 게이다—옮긴이).

자, 이 토론에 참여하기로 동의하고 반대 팀에 서기로 하면서, 많은 분들이 이 문제를 좌파와 우파의 문제로 보려 한다는 점을 잘 알게 되었습니다. 하지만 개인적으로 그 견해는 틀렸다고 생각합니다. 또한 저는 이 '좌파' '우파'라는 단어는 평가절하되었고, 틀린 표현이라고 생각합니다. 아무튼 많은 분들이 제가 오랫동안 지지해온 대의와 가치를 스스로 배신하고 있다고 생각한다는 것을 잘 알고 있습니다. 이미 제게 강한 아쉬움과 슬픔을 토로하는 분들이 많았거든요. 제가 피터슨 교수와 같은 편으로 토론에 나설 거라는 이유 때문에요. 하지만 제가 오늘 이 자리에 선 것은 애초에 바로 그 때문입니다.

저는 정확하게 지금 정치와 다른 모든 종류의 문제에서 저와 다르게 생각하는 사람과 함께하고 있습니다. 이 모든 분노, 억울함, 적개심, 무관용, 무엇보다 '우리 편 아니면 적'이라는 확신 등이 멈춰져야 한다고 보기 때문입니다. 그랜드캐니언만큼 거대하고 깊은 골이 우리 세계에 열렸습니다. 이런 분열과 균열이 매일 점점 더 커지고 있습니다. 어느 쪽도 상대방의 비명을 한 마디도 들을 수 없고, 듣고 싶어 하지도 않습니다.

문화 전쟁의 포화 속에 군대와 선전 선동이 충돌하는

동안, 양측 사이에 놓인 거대한 공간 아래에서는 세상 사람들이 삶을 찾으려 노력하고 있지요. 끔찍한 소음과 폭발음이 사방팔방에 울려 퍼지는 중에 당황하고, 지루해하고, 배신감을 느끼기도 합니다. 이제는 이 유해하고 이분법적이며 양측 모두 아무것도 얻을 것 없는 광기를 멈춰야 할 시간입니다. 그렇게 하지 않으면 우리 모두 파멸할 것입니다.

더 나아가기 전에 먼저 제 주장을 분명하게 밝혀야 할 것 같습니다. 저라는 사람에 대해 말씀을 드리는 게 예의에 맞는 것 같아요. 성인이 된 이후 줄곧 저는 여러분이 아마 좌파라고 부르는 부류였습니다. 온건 좌파, 발발 떨고 나약한, 줏대 없는 자유주의자라고 할까요. 과감하게 장애물에 불을 지르는 강성 사회주의자는커녕, 진보라는 이름을 붙이기도 과분한 사람입니다. 시위와 행진에 참여하기는 하지만 플래카드나 배너를 흔드는 대범함은 보여준 적이 없습니다. 제가 혐오를 부르는 사회정의의 전사냐고요? 사회적 불평등이나 부당함이 정당하다고 생각하지 않습니다만, 저는 제 자신을 사회정의를 걱정하는 사람으로 봅니다. 성장하면서 저의 지적 영웅들은 버트런드 러셀, G. E. 무어, 자유주의 사상

가들, 그리고 E. M. 포스터 같은 작가였습니다.

저는 마음을 가장 우선시하고, 인간관계의 존엄성, 우정과 사랑, 공동의 이익을 믿어왔으며 지금도 믿습니다. 이런 것들은 겉으로 드러나는 정치적 신념이라기보다는 개인의 내적 신념이고, 종교적 충동의 좀더 인간적인 버전이라고 봅니다. 저는 인간성을 믿고 신뢰합니다. 성인이 되고 40여 년 동안 일어났던 모든 일에도 불구하고 말이죠.

저는 말랑말랑합니다. 좀더 강한 마음이나 강력한 지적 견해에 쉽게 경도될 수도 있지요. 세상이 저를 운동가로 묘사할 때 가끔 놀라기도 합니다만, 사실 저는 여러분이 아마도 대의라고 부를 일에 열정적으로 관여해왔습니다. 성장하며 게이라는 성 정체성을 깨닫게 됐죠. 음, 사실은 처음부터 게이라는 걸 알았습니다. 이 세상에 태어났을 때가 기억나는데, 위를 바라보며 "저들 중 하나와 데이트하는 건 이게 마지막일 거야!"라고 말했죠.

저는 유대인입니다. 그래서 인종주의에 대한 공포가 몸에 배어 있어요. 인종 차별, 여성 혐오, 동성애자, 성전환자, 외국인 혐오, 따돌림, 편견, 무관용이 종식되기 바랍니다. 확신하는데 그건 우리 모두에게 주어진 임무입니다. 문제는 '그런 중요한 목표를 어떻게 성취할 것인가'입니다. 제가 궁극적으로 정치적 올바름에 반대하는 이유는 제가 일생 동안 혐오하고 반대해왔던 것들이 PC에 있기 때문입니다. 목사님이 계시니 죄송합니다만, 설교 조의 개입, 경건한 체하는 태도, 독선, 이단 사냥, 비난, 수치심 주기, 증거 없이 하는 확언, 공격, 마녀사냥식 심문, 검열 등이 PC에 결합되어 있어요. 하지만 그게 지금 이 자리에 서서 제 동료 자유주의자들의 분노를 유발하는 이유는 아닙니다.

제가 PC를 반대하는 진짜 이유는 효과가 없다고 생각하기 때문입니다. 중요한 목표를 반드시 성취하고 싶지만 PC는 적합한 방법이 아니라고 보는 거죠. 인간이 저지르는 가장 커다란 실패는 효과적인 것보다 올바른 것을 선호하는 것입니다. PC가 얼마나 효과적일지는 생각하지 않고 그저 얼마나 옳은지에만 집착합니다.

저 자신을 고전적 자유주의자로 묶지 않습니다만, 저는 관습에 도전하는 것을 즐거워하고 순응하거나 통념을 따르는 것을 본능적으로 매우 불신합니다. 설교가나 도덕의 수호자들이 진보를 쟁취해내는 게 아닙니다. 러시아의 작가 예브게니 자먀틴Yevgeny Zamyatin의 말을 다르게 표현하면, 광인, 은둔자, 이단자, 몽상가, 저항하는 자, 그리고 회의주의자들에 의해 진보가 이루어집니다.

제가 틀릴 수도 있겠죠. 오늘밤 배울 수 있기 바랍니다. 제가 정말 틀렸기를 바랍니다. 저는 PC를 통해 우리가 좀더 관용적이 되고 더 나은 세상을 만들 수 있다면, 그 가능성을 즐길 준비가 되어 있습니다.

저의 지적 영웅인 버트런드 러셀의 말을 인용하고 싶습니다. "무엇을 확신하는 자는 어리석고, 상상하고 이해하는 자는 의심과 우유부단함으로 가득 차 있다. 그것이 우리 시대 가장 뼈아픈 부분 중 하나다." 의심이 만연하도록 둬봅시다.

러디어드 그리피스

오늘 토론의 배경을 제공하는 멋진 시작 발언이었습니다. 이제 반박 순서로 들어가보겠습니다. 각 토론자에게 3분씩 드리니 들으신 바에 대해 생각해보시고 추가할 요점을 말씀해주세요. 시작 발언을 한 순서대로 돌아가겠습니다. 그러면 미셸의 차례입니다. 3분을 드리겠습니다.

○ **미셸 골드버그**

개인의 권리와 집단의 권리를 둘로 나누려는 이분법적 시도는 오해를 불러일으키는 면이 있다고 봅니다. 전통적으로 개인의 권리를 행사하지 못한 사람들이 아주 많습니다. 우리같이 "정치적으로 올바른" 유형이 소외된 집단을 대표해 여러 가지를 주장하고 있지요. 그 주장의 핵심은 전통적으로 우리 문화의 중심, 계급 구조 상층에 있지 못했던 사람들이 그들의 개인적 능력과 야망을 실현시킬 권리를 가능한 많이 행사할 수 있어야 한다는 것입니다.

우리는 더 많은 여성이 힘을 얻기 원합니다. 그리고 더 많은 유색인종의 목소리를 규범과 교육 과정에 반영해야 하고, 그들이 영화를 감독할 수 있어야 한다고 말합니다. 그런데 최소한 제가 볼 때는 이 모든 것이 그렇지 못합니다. 이런 말을 해야 하는 이유는 제가 조악하고 대충이나마 공정함이라는 개념에 관심이 있어서가 아니라, 개인으로서 자아실현을 할 수 없었던 사람들이 매우 많기 때문입니다. 여성의 권리 운동이 바로 그런 것이었어요. 시민권 운동, 동성애자 권리 운동 그리고 어떤 면에서 성전환자 권리 운동도 마찬가지 맥락입니다. 집단주의자 운동과는 거리가 멀어요. 앞선 일련의 운동들은 일종의 고전적인 자유주의를 극단으로 밀고 나간 경우입니다. 이 사람들은 "집단의 관점에서 나를 규정하는 것에 반대해 내 정체성을 정의할 권리가 있다"라고 말하는 거예요.

마지막으로, 스티븐 프라이 씨의 기질에 대한 것을 포함해 그분이 말한 것에 대해 많은 부분 저도 동의합니다만, 마녀사냥식 심문과 검열을 언급한 것에 대해 할 말이 있습니다. 한편으로는 왜 그런 말을 했는지 이해가 가지만 약간 가상의 상황을 말하는 것 같다고 느껴지네요. 대체 누가 검열을 하고 있는 거죠? 검열당하는 느낌이 어떤 것인지 알고, 트위터 패거리의 반대편에 서서 공격받는 입장이 된 게 어떤 기분인지도 이해합니다. 악성 댓글과 비난을 받는 것도 그렇고요. 기분 나쁘죠. 그러나 그것은 생산적이지 못한 책략이기는 하지만, 검열이 아닙니다.

보도에 대한 보복으로 〈워싱턴 포스트〉 사주에게 추가적으로 우편요금을 부과하려던 대통령이 있는 나라의 국민으로서, 특히 이상하게 느껴집니다. 우리나라에서는 경찰의 가혹 행위에 저항하는 의미로 풋볼 게임에서 무릎을 꿇는 사람들의 경력이 망가지는 것을 목격하게 되지요. 또한 피터슨 씨에게 이의를 제기한 여성들은 위협을 받고, 부정적이고 선정적인 글로 괴롭힘을 당하며 트롤troll(인터넷상의 폭력적이고 독설적인 익명의 이용자—옮긴이)과 여성 혐오자들에게 욕설을 듣고 있어요.

러디어드 그리피스

조던, 지금 들으신 바에 대해 의견을 말씀해주시죠.

× **조던 피터슨**

음, 프라이 씨가 하신 것과 같은 형식으로 온건 좌파에 대한 도전으로 시작하고 싶습니다. 저는 오랫동안 좌파와 우파 모두 아우르며 다양한 형태로 전체주의에 대해 연구했습니다. 그리고 언제 우파의 신념이 위험해질지 판단하는 일을 아주 잘해왔다고 생각합니다. 저는 우파의 신념과 그쪽 진영에 선 사람들이 인종적 그리고 민족적 우월성 같은 것을 환기시킬 때 위험해진다고 봅니다. 그들 주변에 선을 그려넣어 한쪽으로 몰아두는 것은 상당히 쉽습니다. 또 필요한 일이기도 하죠. 우리는 그 일을 매우 잘해냈어요.

제가 좌파 진영에서 일어나고 있는 일 중에 놓친 것이 있습니다. 여기서 좌파는 분별 있는 이들을 지칭합니다. 분명 그런 사람들이 존재하거든요. 제가 놓친 점은 급진 우파와 똑같은 일이 급진 좌파에게서도 일어난다는 것입니다. 여기에는 미해결된 문제가 있습니다. 다양성, 포용성 그리고 공평성이 극좌파를 상징하는 삼두체제가 아니라면, 우리가 어떻게 극좌의 경계를 그을 수 있을까요? 공평성이 칭찬할 말한 목표라 할 수 있는 기회의 균등이 아닌 결과의 균등으로서 정의된다면 어떻게 해야 하죠? 현재 그렇게 정의되고 있는 상황인데, 이런 상황에서 극좌의 경계를 구분하려면 뭘 어떻게 해야 할까요?

우리는 "글쎄, 극좌 같은 것은 없어"라고 말합니다. 20세기 지적 사고의 상당 부분을 특징짓는 표현이지요. 당대 최고의 지성인들, 특히 프랑스 같은 곳의 지식인들은 당시 소련과 마오주의자(중국을 통치했던 마오쩌둥과 그 사상을 추종하는 사람—옮긴이)가 장악한 중국 같은 파국적 좌익의 세상에서 일어나는 모든 일을 철저하게 무시하기 위해 비상한 노력을 하고 있었습니다. 우리는 좌익에게서 유용한 부분과 병적인 부분을 구별하는 일에 형편없었어요.

그러니 누군가 경계를 구분하려는 제 시도를 비판해도 전혀 문제없습니다. 다양성, 포용성, 그리고 공평성을 말하는 사람들이 있죠. 그런데 그들은 여기서 특히 공평성에 대해서는 '결과의 평등'을 주장하는데요. 그건 정말 혐오스러운 개념이라고 할 수 있습니다. 여러분이 역사에 대해 안다면 이게 무슨 말인지 아실 겁니다. 저는 합리적인 대안이 있다면 얼마든지 들을 용의가 있습니다. 하지만 좌파에게서 지속적으로 듣게 되는 것은 이 자리의 토론자들이 그러했듯, 오로지 집단 정체성을 축으로 해서 모든 논쟁을 해석하는 것이었습니다. 그래서 필연적으로, 우리는 억압받는 이들을 지지하는 '합리적 좌파'와 믿을 수 없을 정도로 파괴적일 수 있는 '병적인 좌파'를 구별하는 일에 실패한 겁니다.

특히 좌파가 압도적으로 장악하고 있는 대학 캠퍼스를 보세요. 그곳에서 일어나는 일은 정확하게 우리가 극좌와 합리적 좌파를 구별하는 일에 완벽하게 실패했다는 증거입니다. 이건 제가 만들어낸 상상이 아니라 조너선 하이트처럼 완벽하게 합리적인 사람들에 의해 충분히 입증할 수 있는 바입니다. 그런데 오늘밤 여기에서 같은 소리를 반복해서 듣고 있네요.

러디어드 그리피스

마이클, 반박해주시죠.

마이클 에릭 다이슨

저는 피터슨 씨가 어떤 신화 속의 집단을 언급하는지 모르겠습니다. 저도 좌파입니다. 좌파는 성미가 고약하고 불평을 입에 달고 살죠. 적이 나타나면 대개 합세해서 대적합니다.

합리성에 대한 회의주의적 사고 중 일부는 계몽주의에 근거합니다. 계몽주의는 우리가 더 이상 미신에 지배당하지 않을 것이며, 생각을 할 거라고, 그것도 아주 깊이 있게 사고하게 될 것이라고 말했습니다.

토머스 제퍼슨은 합리성의 위대한 중재자 중 한 명이었지만 동시에 노예 소유주이기도 했습니다. 그건 어떻게 받아들이시겠습니까? 이런 게 상황을 더 복잡하게 만드는 문제입니다. '이것 아니면 저것'이 아닙니다. 집단 정체성이 아니에요. 토머스 제퍼슨은 집단 정체성을 믿었습니다. 그러니까 낮 시간에는 믿었는데 밤이 되면

R&B풍의 발라드를 부르며 노예 숙소로 향했죠. 그리고 흑인 노예 샐리 헤밍스와 성관계를 했고 많은 아이를 낳았습니다. 육체가 이성에 승리를 거둔 것입니다.

그리고 피터슨 씨가 포스트모더니즘에 대해 이야기를 했는데, 누구에 대해 이야기하는지 저는 모르겠더군요. 저는 포스트모더니즘을 가르칩니다. 나름 재미있습니다. 자크 데리다, 그의 이름은 말하는 것만도 아름답죠. 미셸 푸코는 예속된 지식의 반란을 이야기했습니다. 소외당해온 사람들이 목소리를 내기 시작한 거죠. 가야트리 스피박은 탈식민이론에서 '하위계층'을 거론했고요. 이런 인물들이 성장하고 존재를 알리며 목소리를 낼 수 있었던 이유는 그들이 바로 거부당한 사람들이었기 때문입니다. 골드버그 씨가 말했듯 우리의 집단 정체성은 우리에게 억지로 떠맡겨진 것입니다. 우리는 개인으로 여겨지지 않았습니다. 베이브 루스가 홈런 기록을 수립했을 때 그는 모든 최고의 선수들을 상대로 공을 쳐냈던 게 아닙니다. 최고의 '백인' 선수들을 상대했을 뿐이죠. 시작부터 특혜를 받도록 조작되었으면 얼마나 조작되었는지를 알기 어렵습니다. 말하자면 3루에서 태어나서 3루타를 친 거예요. 특혜를 받았다는 말입니다.

그리고 우리가 여기 있습니다. 사람들이 무시한 바로 그 문화에서 정체성을 끌어내고 있지요. 토론토, 서스캐처원, 위니펙, 팀 호튼스 등 토착적 이름과 원주민 이름들을 보세요.

그런데 유색인종과 다른 소수자들이 일구어온 자유를 시기하는 정서가 있습니다. 이는 우리가 지식의 깊이를 우리 몸에 들이기 때문입니다. 그에 대한 일종의 질투가 있어요. 현존하는 위대한 캐나다 철학자인 오브리 드레이크 그레이엄Aubrey Drake Graham(래퍼이자 가수, 작곡가—옮긴이)은 "질투는 사랑인 동시에 증오다"라고 말했죠.

저는 프라이 씨 의견에 동의합니다. 우리는 고약하고 호전적이어서는 안 됩니다. 하지만 저에게는 사람들의 고약함과 호전성이 보이지 않습니다. 그저 개인의 정체성이 존중받기를 바라는 모습만 보일 뿐입니다. 제가 그저 흑인이라는 이유 때문에 총에 맞아 쓰러질 때, 다른 것이 아닌 피부색에 맞춰 분류될 때, 저는 저를 하나의 존엄한 개인으로 보기를 거부하는 문화에 살고 있는 것입니다.

× **스티븐 프라이**

문제가 없다고 말씀하시는 것을 들으니 재미있군요. 하지만 저는 우리 모두 문제가 있다는 것을 본능적으로 알고 있다고 생각합니다. 검열이 없다고 하셨는데, 물론 러시아에서 하는 식의 검열은 없지요. 저는 러시아에 가봤는데 거기서 동성애자 혐오를 심하게 하는 불쾌한 남자를 만난 적이 있습니다. 러시아에는 정치적 올바름이 있어요. 그저 우파의 정치적 올바름일 뿐이지만.

저는 정치적 올바름이라는 개념과 함께 성장했습니다. TV에 나와서 말하면 안 되는 것들이 있었죠. 가령 '좆' '씹'이란 말은 할 수 없었습니다. 올바르지 않으니까요. 언제나 그렇듯, 이유는 누군가 나타나서 이렇게 말하는 거죠. "난 안 놀랐어. 아, 당연하지. 전혀 안 놀랐어. 기분 상하지도 않았고. 다만 다른 사람들, 어리고 휘둘리기 쉽고 감화받기 쉬운 약한 사람들을 대신해 기분 상했다고 말하는 거야."

그것만으로는 충분하지 않아요. 누군가 저를 '패거트' 또는 '카이크kike'(유대인에 대한 멸칭—옮긴이) 또는 '미친 놈'이라고 불러도 상관하지 않습니다. 저는 정신에 조금 문제가 있어서 사람들이 모욕해도 신경을 안 씁니다. 사람들은 이렇게 말하죠. "흠, 괜찮아요, 스티븐. 당신은 강하니까." 제가 특별히 강하다고 느끼지는 않아요. 그리고 '패거트'나 '카이크'라고 불리는 걸 좋아하는지도 잘 모르겠습니다. 하지만 우리 문화가 진보해서 제가 동성인 누군가와 결혼을 할 수 있게 되었는데(결혼한 지 3년 되었습니다), 그게 정치적 올바름의 결과라고 믿지는 않습니다.

정치적 올바름은 사실 일종의 살아있는 송어 같아서 움켜쥐려 애를 쓰면 쓸수록 더 멀리 도망가버립니다. 당신은 아마 이렇게 말하겠죠. "나는 그것에 대해 말하는 게 아니라, 사회정의에 대해 말하고 있어요"라고요. 그 점은 저도 동의합니다. 〔다이슨 쪽을 보며〕 당신이 이걸 정체성 정치, 아니면 '당신네' 사람들의 역사 또는 '내' 사람들의 역사라고 부르든지 말든지 간에 말이죠. '내' 사람들 역시 한때 노예였습니다. 영국인은 로마인의 노예였고, 유대인은 이집트에서 노예 생활을 했습니다. 모든 인류가 어떤 시점에서는 노예의 삶을 살았습니다. 그리고 우리 모두가 그런 점들을 거리낌 없이 밝히는 것이 얼마나 중요한지를 잘 알고 있습니다.

하지만 만년에 저와 친구가 되었고, 미국 인디언 운동

American Indian Movement을 설립한 배우 러셀 민스Russell Means는 이렇게 말했습니다. "그냥 나를 인디언이라고 불러. 아니면 라코타 수족Lakota Sioux族, 또는 러셀이라고 부르든가. 자네가 나를 뭐라고 불러도 상관없어. 우리가 어떤 식으로 대접받는지가 중요한 거니까." 저는 좀더 대중적인 아이디어에 대해 짚고 있는 겁니다. 알래스카의 최북단 도시인 배로에 사는 한 이누피아크는 이렇게 말했지요. "나를 에스키모라고 불러요. 당신은 이누피아크라는 명칭을 계속해서 잘못 발음하니까요. 에스키모라고 부르는 것이 당신에겐 더 쉬울 겁니다."(알래스카 원주민들은 스스로를 '인간'을 뜻하는 어간에서 나온 이누피아크로 부른다. 에스키모라는 말은 '날고기를 먹는 사람들'이라는 뜻에서 나왔다—옮긴이)

짧은 이야기 하나 더 하고 끝내겠습니다. 동성애자의 권리를 다루는 문제는 잉글랜드에서 나왔어요. 우리가 천천히, 그리고 꾸준하게 힘 있는 사람들의 문을 두드렸기 때문입니다. 우리는 소리를 지르거나 비명을 지르지도 않았습니다. 그러다 결국 이언 매켈런Ian McKellen(영화 〈반지의 제왕〉의 간달프 역으로 유명한 배우. 커밍아웃을 하고 성소수자 운동을 해왔다—옮긴이) 같은 사람들이 총리를 만나게 된 겁니다. 그리고 여왕이 동성 결혼 법안에 대해 국왕 재가를 하면서 이렇게 말했습니다. "세상에 맙소사, 1953년(엘리자베스 2세의 대관식이 있었던 해—옮긴이)에는 상상도 못한 일인데. 정말 특별한 일 아닌가요? 경이롭군요!" 그리고 법안을 건네줬다고 합니다.

멋진 이야기이고 나는 그게 진짜이길 바랍니다. 하지만 그건 정치적 올바름과 상관이 없어요. 이건 인간의 품위에 관한 문제입니다. 그렇게나 간단하죠.

러디어드 그리피스

멋진 반박과 강력한 시작 발언이었습니다. 그러면 이제 사회자가 조정하는 교차 질의와 대답으로 들어가 몇 가지 중요한 문제에 대해 토론해보겠습니다. 지금까지 들어본 것을 정리해보면 약간의 긴장감이 있다는 것인데요. 그걸 좀더 구체적으로 이야기해보도록 하겠습니다. 자, 한쪽은 어떤 집단이 포용되고 집단 정체성을 정의할 기회를 가질 권리가 있다고 주장합니다. 반면 다른 한쪽은 그런 집단이 소수집단 우대정책이나 여타의 결과 지향적 과정으로 인해 과도하게 특권을 누릴 때 위협이 된다고 반론을 제기합니다.

자, 그러면 마이클부터 시작하죠. 인종이 되었든 젠더가 되었든 이런 집단 정체성에 특권을 주는 것이 왜 그들 집단에 해가 되지 않는다고 생각하십니까? 그리고 조던이나 스티븐처럼 왜 애초에 처음부터 그들을 개인으로 대하지 않는 거지요?

마이클 에릭 다이슨

음, 먼저 무엇보다 유색인들과 다른 소수 그룹들이 자의적이며 무작위한 구분을 하지 않았다는 점을 밝히고 싶습니다. 제가 인종, 젠더, 집단 사고가 발명되었다고 말했지요? 하지만 그런 이름이 붙은 집단들이 그 용어들을 만들어낸 게 아닙니다. 골드버그 씨도 같은 점을 지적하셨죠. 그러니 먼저 여러분은 그런 현실의 역사적 진화를 인정해야 합니다. 집단 정체성 개념은 그 집단과 함께 시작되지 않았습니다. 정체성을 알릴 필요가 없는 집단이 시작했죠. 당신이 통제할 수 있는 입장이면 당신이 누구인지 알릴 필요가 없어요. 수많은 백인 형제자매들은 자신을 수많은 민족 혹은 집단 중 하나로 보지 않습니다. "나는 그냥 미국인이야, 캐나다인이야. 당신은 왜 우리같이 될 수 없지? 왜 그 편협한 집단 정체성을 초월하지 못하는 거야?"라고 말하는 거죠.

그런데 지금까지 소외된 사람들의 집단 정체성을 각인한 것은 현재 도전을 받고 있는 지배적 집단입니다. 그 점은 확실합니다. 도전이 있어요. 그리고 일종의 유토피아적 상황을 상상하는 것에 대해서는 저도 프라이씨 의견에 동의합니다. 이 문제가 어떤 식으로 해결될지에 대해 근사하게 은유적 표현을 하는 건 멋진 일이죠. 하지만 그건 현실이 아닙니다. 진짜 세상에는 중요한 문제가 있어요. 먼저 말할 것은 사람들의 몸입니다. 사람들의 생명이 위태로운 상태예요. 사람들이 폭행을 당하고 죽임을 당합니다. 섹슈얼리티와 인종 정체성 때문에 다치는 사람들이 여전히 있어요.

제가 여러분에게 말하는 것은 우리가 개인으로 대우받는 것을 반대한다는 게 아닙니다. 우리는 그걸 간절히 원합니다. 저를 폭력배, 검둥이, 허무주의자, 병적인 인간들이 모인 집단의 일원으로 보지 말아주세요. 그저 현실을 구현하려는 개인으로 봐주십시오.

미셸이 말한 것이 매우 중요합니다. 개인의 권리를 가진 사람들은 유색인종이나 다른 사람들이 해야 했던 것과 같은 방식으로 권리를 얻기 위해 싸울 필요가 없었습니다. 프라이 씨가 노예제를 말하면서 노예제도를 겪은 민족이나 국가의 이름을 거명했는데요. 올랜도 패터슨Orlando Patterson이 28개 문명의 인종과 노예제도를 비교한 역사서를 썼는데 한 번 읽어보세요. 그리스인들의 노예제도는 미국인의 그것과는 다릅니다. 그건 '동산 노예제'라고, 노예를 재산시하는 제도였습니다. 그리스에서는 자유를 다시 살 수 있었어요. 당신을 노예로 만든 사람의 자녀를 당신이 가르칠 수도 있었고요. 또 당신이 엄청난 지성의 소유자라는 것을 보여주면 자유를 확보할 수 있었습니다. 하지만 미국은 그렇지 않았어요. 노예가 글을 알면 벌을 받고 죽임을 당했죠.

제 요점은 간단합니다. 보다 넓은 차원의 정체성을 기념하고 축하하는 것은 대찬성입니다. 그런데 소수자들과 그 밖의 사람들은 우리만큼의 대우를 받지 못하고 있어요.

미국에는 남부연합기Confederate flag가 있습니다. 남부연합기에는 '남부 일부는 북부에 합법적 점령권을 이양하기를 거부한다'는 뜻이 담겨 있기도 합니다. 남부에서는 백인 청년들 대부분과 그 밖의 사람들도 이 깃발을 게양합니다. 미국 국기가 아닌 이 깃발을요. 그들은 미국인이 아닙니다. 분리를 지지하고, 미국에서 벗어나기를 바랍니다. 미식축구 선수 콜린 캐퍼닉은 그 깃발에 아름다움을 더하고 싶다고 말했는데요. 그는 기회를 박탈당해온 사람입니다.

그러니 더 진행하기 전에 이 찬반 토론의 조건을 정리해야 합니다.

러디어드 그리피스

감사합니다, 마이클. 설득력 있는 논점이었습니다. 자, 조던, 당신은 민족과 젠더의 집단 사고는 치명적 위험을 담고 있다고 보셨는데요. 그 점에 대한 견해 부탁합니다. 왜 그것이 정치적 올바름의 원죄 중 하나라고 생각하시죠?

× **조던 피터슨**

먼저, 이건 좌파 그리고 우파 양측 '모두'에서 정체성 정치를 획책하는 자들이 저지르는 원죄 중 하나라는 점을 명확하게 하고 싶군요. 이 문제가 때때로 사적인 차원의 것이 된 이래로 저는 절대로 정체성주의를 표방하는 우파를 지지하지 않습니다. 집단 정체성이 가장 중요하고 우선시되어야 한다고 여기며 개념적 게임을 하는 사람은 누가 되었건 부족주의를 악화하는 위험을 안고 있다고 저는 생각합니다. 좌파든 우파든 그것은 상관이 없습니다.

집단의 권리 문제는 현재 캐나다가 당면하고 있는 심각한 문제 중 하나입니다. 특히 퀘벡이 분리주의 노선을 채택하겠다는 위협과 싸워왔지요. 개인의 권리라는 동전이 있는데, 그 앞면에 새겨진 것은 개인의 책임입니다. 이 점에서 집단의 권리는 매우 문제적입니다. 개인에게는 책임을 물을 수 있고, 개인은 책임을 질 수 있어요. 개인이 권리를 갖는 부분적 이유가 여기 있습니다.

하지만 집단은, 어떻게 집단에게 책임을 묻겠다는 겁니까? 집단에게 책임을 묻는 것은 좋은 생각이 아닙니다. 무엇보다도 우리 서구가 구축한 사법 체계는 본질적으로 집단이 아닌 개인을 전제로 형성되었습니다. 즉, '개인'이란 결백하지만 동시에 죄를 지을 수 있는 가능성이 있다는 가정 아래 사법 체계가 만들어졌죠. 그런데 '집단'에게 책임을 묻는 것은 거기에 위배됩니다. '집단이 범한 죄'라는 개념이 정치와 사법 체계에서 기반을 얻을 수 있을 때 일어난 수많은 일들을 생각해보세요. 우리는 20세기를 통해 그걸 목격했는데, 그 결과는 단연코 재앙적이었습니다.

그래서, 음, 좋아요. 집단이 권리를 가질 수 있다고 칩시다. 그러면 집단의 책임은 어떻게 할 거죠? 집단이 책임감을 가져야 한다면 어떻게 책임을 물을 겁니까? "우린 역사적 부당성, 가상의 문제와 그 밖의 것들을 바로잡는 데 관심이 있기 때문에 그런 건 말하지 않아도 돼요." 이렇게 말할 건가요? 이건 엄청난 파국을 가져온 역사적 부당성에 결핍된 점이 없었다고 말하는 것이 아닙니다. 그건 핵심이 아니에요. 문제는 당신이 가장 근본적인 단계에서 상황을 어떻게 보느냐는 겁니다. 저는 집단의 권리 개념은 단연코 재앙적이라고 생각합니다.

러디어드 그리피스

미셸, 이 쟁점에 대해 말씀해주시죠. 관련 주제로 글도 쓰셨잖아요? 당신은 정체성 정치에서 집단 정체성은 논의에서 절대적으로 타당하고, 개인이 공공의 공간에 들어올 때 그들은 집단에 참여하는 모습으로 보일 수 있고, 또 그렇게 보여야 한다고 했습니다.

○ **미셸 골드버그**

저는 우리가 반드시 개인에게서 책임과 권리 등의 개념을 유추해내야 하는 건지 확신을 못 하겠어요. '개인의 권리'의 반대말은 '개인의 책임'이지만, 그 비유를 반드시 집단에도 적용시켜야 하는지 잘 모르겠습니다.

이 토론이 복잡하다고 생각하게 되는 여러 가지 이유 중 하나가 우리가 매우 다른 세 개의 문화적 맥락, 세 개의 역사와 법제 시스템에 대해 이야기하고 있기 때문입니다.

미국의 정치는 개인의 권리를 쟁취하기 위해 집단들이 서로 각축을 벌이는 투쟁의 장이었습니다. 출산에 대해 자율적 통제권을 얻으려는 여성 집단, 경찰의 잔혹 행위나 차별 또는 흑인이 있어서는 안 되는 곳에 흑인들이 있을 때 그저 경찰부터 부르는 백인들의 성향 등을 바로잡으려는 흑인 집단 등이 미국 정치의 큰 부분을 차지해왔죠. 사회를 그저 세분화된 개인으로 구성된 바다로 볼 경우, 이런 사회적 문제를 어떻게 다룰지 궁금합니다.

차별과 배타성을 바로잡기 위해 공통된 정체성을 근거로 사람들이 모이는 게 왜 치명적이죠? 그게 바로 민주주의의 모든 것, 가장 좋은 면 아닌가요? 진정한 진보란 바로 그런 거죠.

그런데 그런 것이 압제적이고, "스탈린주의로 이어지는 길"이라고 주장하는 의견을 계속해서 듣게 됩니다. 그리고 정치적 올바름에 반대하는 많은 사람들이 오스트레일리아 학자가 만들어낸 개념으로 알려진 '카테고리 크리프category creep'(심리학에서 어떤 개념의 애초 경계가 점점 확장되는 현상을 가리켜 '크리프'라고 일컫는다—옮긴이)에 대해 이야기를 하지요. 그건 기본적으로 구별하기에 실패해 그 차이를 볼 수 없다는 말입니다. 말하자면 KKK 대마법사와 벤 셔피로Ben Shapiro(미국의 자유주의 보수 논객—옮긴이)가 같다고 보는 거죠. 아니면 우측에 있으면 모두 파시스트, 성차별주의자, 전체주의자로 보고 참을 수 없다고 생각하는 겁니다. 저는 어느 정도는 이게 진짜 일어나고 있다고 생각해요. 대학생들은 종종 넓고 약간 과하게 분류하거든요. 저도 어릴 때 그런 행동을 하곤 했어요. 어쩌면 지금도 여전히 그럴 수 있고요. 정치적 올바름 또는 집단 바로잡기를 반대하는 논쟁에서 '카테고리 크리프'를 하는 일이 많이 벌어진다고 들었습니다. 그건 "인간성 말살로 향하는 길"이죠.

러디어드 그리피스

여기서 스티븐의 의견을 들어보죠. 당신의 시작 발언과 관련 있는 것 같거든요. 스티븐, 당신은 일종의 '카테고리 크리프'죠? 어떻게 생각하십니까?

× **스티븐 프라이**

우리가 왜 정치적 올바름에 대해서는 이야기하지 않는지 여전히 이해는 안 가는군요. 우리는 지금 정치에 대해 이야기하고 있어요. 뭐, 그건 좋아요. 저는 정체성 정치 그 자체를 반대하지 않습니다. 하지만 어디가 잘못되었고 어디가 거슬리는지는 확실하게 알지요.

이 점에 대해 경험적이 되어봅시다. 지금 미국에서는 정체성 정치가 얼마나 효과적으로 작동하고 있습니까? 제대로 돌아가지 않고 있죠? 아마 바로 대답할 수 있을 겁니다. 잘 안 된다고요.

트럼프, 영국의 브렉시트('영국Britain'과 '탈퇴Exit'의 합성어로 영국의 유럽연합 탈퇴를 뜻하는 말—옮긴이), 유럽 전역의 이민 배척주의자들, 이들이 득세하고 성공하는 이유는 우파가 승리해서가 아닙니다. 좌파가 상상도 할 수 없을 정도로 실패를 하고 있기 때문이죠. 바로 우리 탓입니다.

제가 우파로 전향했다든가, 나는 부드럽고 점잖으며 모두가 품위를 갖추길 바란다는 게 아닙니다. 그건 핵심이 아니에요. 저는 "정치적 올바름? 엿 먹으라고 해! 저항해. 싸워. 당신이 의견이 있다면 적절한 방법으로 싸우고, 교육이나 언어가 아니라 마땅히 민주주의를 이용해서 투쟁해"라고 말하는 겁니다.

당신이 절대 두지 않기를 상대방이 바라는 수, 그것이 최고의 수입니다. 지금 당신은 우파의 신병 모집 하사 역할을 하고 있는 겁니다. 싸우고 설득하기보다는 짜증을 돋우고 언짢게 만들어서요.

정치적 올바름은 그저 효과 없는 중도적 입장일 뿐입니다. 이게 제 말의 요지입니다.

마이클 에릭 다이슨

음, 먼저 프라이 씨, 당신은 "경험적이 되자"고 했죠. 제가 아는 한 '경험적'이라는 단어의 의미는 감각을 통해 입증 또는 조작이 되었는지 가려낼 수 있다는 뜻입니다.

× **스티븐 프라이**

정확하게 그렇죠.

○ **마이클 에릭 다이슨**

그걸 객관적인 관점에서 보면, 지금 이 순간 당신이 이야기하는 바를 분명히 표현할 수단을 사람들이 공평하게 이용할 수 없다는 것이 현실입니다.

× **스티븐 프라이**

아니, 아니요. 나는 이 정치적 태도의 경험적 결과에 대해 말하는 겁니다.

○ **마이클 에릭 다이슨**

그 점 이해합니다만, 제가 말하려는 바는 간단하게 이렇습니다. 사람들은 가까운 곳에 있는 무기를 사용합니다. "모두가 죄를 진 건 아니다. 하지만 모두에게 책임이 있다"라는 랍비 아브라함 헤셸Abraham Heschel(20세기에

활동한 유대교 신학자—옮긴이)의 말을 생각해보세요. 차이가 있죠.

분명히 모두가 죄를 짓지는 않았어요. 하지만 그 이면을 뒤집어보면 아주 흥미로운 점이 드러납니다. 300년 동안 노예제도를 유지해서 당신은 혜택을 받아왔는데, 그걸 오롯이 당신의 힘으로 했다고 생각하는 겁니다. "이 사람들은 왜 더 열심히 일하지 않는 거지? 300년 동안이나 일이 없었잖아." 이렇게 생각하는 거죠. 현실은 300년 동안 당신이 사람들을 잡아둔 겁니다. 그들을 예속시켰고, 권리를 주지 않았어요. 그러다가 난데없이 그들을 자유롭게 풀어주고, "자, 이제 당신들은 개인이야"라고 말하는 거죠. 이들은 기술도 그 무엇도…

× **조던 피터슨**

지금 말씀하시는 '당신'은 누구를 말하는 겁니까?

○ **마이클 에릭 다이슨**

먼저 미국 사회를 의미하는 거고요. 나아가 북반구, 노예제도가 있었던 모든 사회를 말합니다. 하지만 구체적으로는 미국에 사는 유색인종들 중 개인의 권리를 거부당한 이들, 개인이 되는 기회가 박탈당한 이들에 대해 말하는 겁니다. 이상적인 측면에서라면 개인을 강조하는 견해에 단연코 동의합니다. 미셸의 입장도 같다고 생각하고요. 당신에게 말하는 것은 바로 '우리는 개인으로 허용되지 않았다'는 겁니다. 개인의 자율성과 권위가 허용되지 않았어요. 나를 개인으로 인정하길 거부한다는 것은 이런 겁니다. 가령 내가 공원에서 놀고 있는 열두 살 소년이라면, 당신이 나를 해치려 몰래 다가오고, 내가 '백인' 소년이었다면 하지 않았을 방법으로 나에게 총을 쏜다는 거죠. 그건 절대 나를 개인으로 대우하지 않고 있는 겁니다.

우리가 살고 있는 사회가 만약 가부장적이고, 성차별적이며, 여성 혐오적 행동에 예속되어 있는 끔찍한 사회라면 어떨까요? 그렇다면 당신은 여성의 개성이 중요하다는 것을 인정하지 않고 그저 집단 역학에 따라 그들을 취급하고 있는 겁니다.

위대한 미국의 철학자 비욘세는 말했죠. 인종주의가 너무도 미국적이라서 누군가가 인종주의에 도전한다면 그건 바로 미국에 도전하는 것처럼 보일 정도라고요. 우리는 불평등에 도전하고 있습니다. 나를 개인으로 보기를 거부하는 것에 도전하고 있지요. 이를 극복할 때 비로소 우리 모두가 동등한 경쟁의 장에 서는 것입니다.

러디어드 그리피스
열기가 점점 뜨거워지는는데요. 좋습니다.

× **조던 피터슨**
잠시 제가 '백인의 특권'이라는 혜택을 받았다고 가정하지요.

○ **마이클 에릭 다이슨**
적절한 가정이군요.

× **조던 피터슨**
그래요. 당신이 그렇게 말했죠. 그러니 이 점에 대해 정확하게 이야기해봅시다. 괜찮지요?

○ **마이클 에릭 다이슨**
흠, 그래요. 정확하게.

× **조던 피터슨**

내가 누린 백인이라는 특권이 내가 현재 이룬 성과에 얼마나 기여를 했다는 거죠? 5퍼센트? 15퍼센트? 25퍼센트? 아니면 75퍼센트가 되나요? 당신은 그 점에 대해 내가 뭘 해야 한다고 생각하는 거죠?

세금 문제는요? 그 망할 놈의 특권을 누린 덕분에 내야 하는, 나 같은 사람에게 맞춰진 세금은요? 이미 비용을 지불하므로, 그 문제에 대해서는 더 이상 듣지 않아도 되는 건가요?

다른 문제 하나에 대해서도 정확하게 짚어봅시다. 괜찮지요? 지금까지 그러지 못했는데, 좌파가 분명 지나치게 행동할 수 있다는 점에 대해 우리가 동의할 수 있지 않을까요? 그렇다면 훌륭하신 상대 토론자 분들은 좌파가 도를 넘어섰다는 때를 정확하게 어떻게 정의하겠습니까? 당신은 평등을 싫어했지요. 그러니까 '결과의 평등' 말입니다. 제가 볼 때 그게 중요한 지표입니다. 질문을 피하려는 게 아니고, 더 나은 정의가 있다면 제안해주세요. 나는 백인으로서 누리는 나의 특권을 없앨 방법을 알아보고, 당신은 좌파가 도를 넘어설 때가 언제인지 말해보는 게 어떨까 싶네요.

사실 이것이 바로 우리가 정치적 올바름에 대한 토론을 하는 이유입니다. 좌파가 도를 지나친다는 점이요. 저는 좌파가 많은 면에서 너무 멀리 나갔다고 생각합니다. 그러니 언제 그리고 어떻게 합리적인 좌파가 다시 영향력을 행사해 이 모든 난센스를 끝낼 수 있을지에 대해 이야기해보고 싶군요.

러디어드 그리피스

미셸, 한 말씀 하시죠.

미셸 골드버그

프라이 씨의 질문에 먼저 답을 해도 괜찮을까요? 프라이 씨는 우리가 트럼프를 대통령으로 뽑았고 그게 바로 좌파의 실패라고 말씀하셨지요.

아시겠지만 저는 언론인입니다. 대선 캠페인 기간 동안 미국 여러 곳에서 벌어지는 트럼프 지지 집회에 수없이 많이 갔지요. 프라이 씨의 말이 맞습니다. 가는 곳마다 정치적 올바름에 대한 불평을 북미자유무역협정 NAFTA(미국, 캐나다, 멕시코가 1994년에 설립한 경제 협력 기구—옮긴이)에 대한 불만보다 더 많이 들었습니다. 사람들에게 정치적 올바름이 의미하는 바가 무엇이냐고 물어봤어요. 어떤 사람은 함께 일하는 여성 동료에게 '아가씨'라고 부르니 그들이 화를 냈는데, 그런 게 불만스럽다고 했어요. 또 어떤 사람은 미국 대통령이 정말 이슬람 교도였는지에 대한 물음을 공개적으로 표현할 수 없다는 점이 불만이라고 했지요(버락 오바마 전 대통령이 무슬림이라는 설과 관련한 발언이다—옮긴이). 더 이상 동성애자에 대한 농담을 할 수 없다는 것도 싫어했고요. 한편으로는 프라이 씨의 말이 맞습니다. 사람들이 이런 종류의 편견을 가지고 있는데 그걸 억압하려고 하면 위험한 반발을 살 수 있어요. 하지만 다시 이 토론의 주제로 돌아가서, 저는 사람들이 그들 눈높이에 맞춰 이야기한다고 느끼게 만드는 세련되고 점잖은 흑인을 대통령으로 뽑아야 했었다는 사실이 바로 정치적 올바름에 대한 사람들의 반응이라고 생각합니다. 그게 정말 그들이 의미하는 바라고 봐요. 그 이외에 다른 것은 없습니다. 그것이 진정한 진보이기 때문입니다.

그리고 좌파가 도를 지나칠 때가 언제냐는 질문을 하셨지요? 저는 답이 아주 쉽다고 생각합니다. 바로 폭력을 일으키고 검열을 할 때죠. 저는 이 두 가지 모두에 반대합니다. 지금 세상을 보세요. 물론 좌파가 일으키는 문제가 있다는 점을 잘 이해합니다. 특히나 온라인에서 불특정 다수가 모여 차별적 발언이나 선언을 소셜미디어의 캠페인으로 둔갑시킬 수 있지요. 이것이 종종 정치적 올바름과 결합되기도 하는데, 나쁜 현상입니다. 이런 현상을 없앨 방법이 있기를 바랍니다. 하지만 그저 간단하게 합리적 자유주의자나 사회주의자가 그런 현상을 맹비난하게 만들어 그것을 종식시킬 수는 없다고 생각합니다. 그건 현대 생활에 나타나는 끔찍한 행태일 뿐이에요. 소셜미디어가 민주주의에 해로운지를 두고 토론을 하고 싶다면, 저도 찬성합니다. 토론해요!

하지만 전 세계적으로 파시즘이 부상하는 현상을 보면서도, 어떻게 급진 좌파가 극우보다 더 위협적이라고 생각할 수 있죠? 그것은 말 그대로 평생 대학 캠퍼스 안에서 살아야 할 수 있는 생각이라고 여겨집니다.

러디어드 그리피스

마이클, 조던이 지적한 점에 대해 말씀해주세요. 조던이 이 토론에 참여한 것이 백인의 특권 덕분이라는 게 함축되어 있다고 가정합시다. 그런데 그 특권 때문에 조던은 이 문제를 선명하게 보지 못하고 있고요. 그렇다면 어떻게 해야 그가 이 토론에서 동등한 목소리를 찾을 수 있을까요?

○ **마이클 에릭 다이슨**

지금 하신 말씀은 용어적 측면에서 바로 문제 자체에 연관되어 있습니다. 러디어드, 당신은 이미 생산적이고 논쟁적인 지점에서 시작을 하고 있어요. 피터슨 씨가 어떻게 동등한 목소리를 되찾을 수 있느냐고 했죠? 그런데 누구를 말씀하시는 거죠? 요즘 트위터에서 가장 '핫한' 논객 조던 피터슨인가요, 베스트셀러 작가 조던 피터슨인가요? 나는 피터슨 씨가 트위터에 나와 내 책에 대해 언급해줬으면 합니다.

조던 피터슨 씨, 내가 하는 말은 이겁니다. 형제여, 왜 분노합니까? 당신은 잘하고 있어요. 하지만 당신은 고약하고 화난 백인입니다. 그리고 우리를 바로잡으려고 하죠. 나는 그렇게 심하게 징징거리며 '눈송이'처럼 구는 걸 본 적이 없습니다. 와인을 만들 포도밭은 여기 충분히 있어요. 당신은 내게 백인의 특권에 대해 경멸조로 질문을 했죠. 내가 보기에 그 질문은 사이비 과학적이고, 경험에 근거하지 않고, 타당한 이유가 없어요. 내가 경험적으로 그리고 정확하게 말하겠습니다.

첫째, 백인의 특권은 정량적 단위에 따라 행사되지 않습니다. 사회의 토대가 되는 '자유, 정의, 평등'이라는 이상의 문제를 다루는 것에 있어 우리가 얼마만큼의 의지를 보일지, 그 정도에 따른 문제인 거죠.

두 번째로 제가 흥미롭게 생각한 점은, 당신이 집단 정체성을 갖지 말아야 한다고 말한 것입니다. 당신은 나라를 뭐라고 부릅니까? 당신은 캐나다인인가요? 당신 홀로 캐나다인입니까? 당신은 개인인가요, 집단의 일부인가요? 미국의 경우, 과거에 다른 집단의 반대를 무릅쓰고 저항을 통해 연방을 형성했습니다.

어떤 집단 정체성의 일부인 사람들이 해당 집단의 합법성과 유효성을 부정하는 것이 오늘날 정치의 현실입니다. 그들은 그 집단의 생성이 합법적이고 유효하다는 사실을 부정하며, 그래서 다른 이들에게 분개하는 것입니다.

내가 요구하는 것은 기회입니다. 당신이 언급한 '결과의 평등'과 '기회의 평등'의 차이는 고루하고 낡은 쟁점입니다. 소수자 우대 정책에 대한 찬성과 반대가 오가던 평온한 시절에 나온 진부한 표현일 뿐이죠. "동등한 결과를 추구합니까? 아니면 기회의 균등을 원하는 건가요?"라는 식의 낡아빠진 표현이란 말입니다.

기나긴 억압의 시간이 지난 후 누군가를 자유롭게 풀어주며 이렇게 말합니다. "자, 이제 당신은 자유롭게 생존할 수 있어." 하지만 그들에게 만약 기술이 없고 생존하는 데 필요한 수량화할 수 있는 수단이 없다면, 그들을 억압 속으로 풀어준 셈입니다. 우리의 위대한 대통령 중 한 명인 린든 B. 존슨이 말했듯, 이런 겁니다. 경주에서 어떤 사람을 100년 뒤에 출발시킨다면, 그 사람은 먼저 출발한 이들을 따라잡기가 극도로 어려운 거죠.

그래서 저는 조던 피터슨이 그 어떤 고통도 받고 있지 않다고 생각합니다. 그저 자격을 과장되게 부풀리고 적개심을 가지고 있을 뿐이죠. 그가 누리는 특권이 그에게는 보이지 않는 겁니다. 그 특권은 바로 지금 이 무대에서 포악스럽게, 점점 더 강해지고 있어요.

러디어드 그리피스

조던, 원하시면 이에 대해 발언하시죠.

× **조던 피터슨**

두 가지 차원으로 반박하겠습니다. 먼저 "급진 좌파가 폭력에 가담할 때 극한으로 치닫는다"는 말은 그 어떤 상상력을 동원해본다 해도 충분한 답이 아닙니다. 급진 좌파적 사고로 인해 재앙의 사태가 벌어진 것이 20세기에 몇 번이나 일어났는지 모릅니다. 그때도 폭력적인 행동이 아닌 사고의 차원에서 벌어진 일입니다. 폭력에 반대한다고 말씀하셨는데, 말하는 것은 너무도 쉽고 간단하죠. 빈곤에 반대한다는 것과 같은 논리예요. 일반적으로 품위 있는 사람들은 빈곤과 폭력에 반대합니다. 하지만 그건 절대 진지하게 문제를 다루는 게 아닙니다.

다음으로 내가 가진 특권 혹은 특권이 없음에 대한 문제를 보죠. 대부분의 사람들처럼 나는 살면서 혜택이나 이점을 누리지 못했다든가 불이익을 당했다는 주장을 하지 않습니다. 당신은 내 배경이나 내가 어디 출신인지 전혀 모르지요. 하지만 그건 당신에게는 상관이 없습니다. 왜냐? 기본적으로 나는 "고약한 백인"이니까요. 토론에서 그렇게 말하는 건 정말이지 고약하고 나쁜 일입니다.

마이클 에릭 다이슨

"고약한 백인"이라 언급한 점에 대해 한 마디 하지요. 그건 제가 피터슨 씨의 과거를 조사하고 그에 근거해 한 말이 아닙니다. 당신의 독설, 그리고 토론 논객으로서 가져야 할 평정심을 거부하는 태도를 보고 한 말입니다. 그래서 다시 한 번 말하겠습니다. "당신은 고약하고 화가 난 백인"입니다. 확실히 지독하고 심술궂네요.

러디어드 그리피스

자, 그럼 여기에서 화제를 돌려야겠습니다. 정치적 올바름 문제의 또다른 중요한 요소에 대해 이야기해보죠. 미투 운동 그리고 여성을 상대로 벌어진 일련의 끔찍한 학대와 부당함, 그에 대한 인식의 자각이 다시 회자되고 유행하는 상황에 대해 토론해보겠습니다.

"우리가 문화적 공포에 젖어 있다" "여론의 추가 너무 한쪽으로 치우쳐 있다" "위험스러울 정도로 과잉반응을 한다" "사람들의 권리, 평판 그리고 적법한 절차가 모두 내동댕이쳐졌다"…. 이렇게 말하는 사람들이 있습니다. 미셸, 이에 대해 어떻게 생각하시죠?

○ **미셸 골드버그**

음, 하비 와인스타인 사건이 터져 나오고 2주 만에, 와인스타인을 포함해 몇몇 남자들이 사실상 직업을 잃게 되기 시작한 시점에 사람들은 그렇게 말하기 시작했죠. 이건 상당히 새로운 사건입니다. 심각한 성범죄를 저지른 남자들이 갑자기 직업을 잃게 되는 상황 말이에요. 사실 오랫동안 모두가 알고 있었지만 절대 처벌받지 않던 일이었죠. 그런데 갑자기 상황이 역전되어 벌을 받게 되는 문화적 지각변동이 일어난 거예요. 사건이 터지자마자 불안감이 조성됐어요. "이게 도에 지나칠 정도의 극단으로 치달으면 어떻게 하지?" 이런 걱정을 하게 된 거죠.

곧 〈뉴욕 타임스〉가 "미투 운동을 비판하지 못하는 이유가 뭘까?"라고 말하는 사람들의 칼럼을 게재하기 시작했습니다. 미투 운동이 시작된 지 두 달가량 지난 시점이었죠.

정당한 법 절차가 중요할까요? 물론입니다. 하지만 실제로 일자리를 잃은 사람들, 생계를 잃는 사람들이 누구인지 살펴보면… 음, 이건 무슨 매카시즘을 추종하는 사람들이 퍼뜨리는 소문이 아닙니다. 실제로 생계를 잃은 사람들은 직장에서 자기 거시기를 꺼낸 사람들이에요. 그들은 수천만 달러를 합의금으로 쓰고 넉 달 정도 일자리를 잃었다가 이제 다시 돌아오고 있습니다. 빌 오라일리Bill O'Reilly(전 폭스 채널의 간판 앵커—옮긴이)도 새로운 방송사에서 TV쇼 진행을 한다는 소식이 들립니다. 남성들이 더 이상 말을 할 수 없고, 모두가 살얼음판을 걷고 있는 것 같다고 느낀다고요? 아마 여러분 사무실에서는 그런 생각을 하는지 모르겠지만, 제가 사는 곳에서는 그렇지 않습니다. 미투 운동은 특히 미디어 업계에서 활발히 이루어지고 있어요.

여러분 가운데 "미디어 업계에 종사하는 개 같은 남자" 리스트를 읽어본 분이 얼마나 되는지 모르겠습니다. 한 여성이 미디어 업계에서 일하는 남자들, 모두가 알고는 있지만 아무도 어떤 조치를 취하지 못한 남자들에 대한 정보를 올릴 수 있도록 오픈소스 기록을 시작했는데 그게 아주 빨리 세상에 알려졌어요. 그런데 여기 불편한 구석이 있었습니다. 여러분은 이런 익명성 비난이 떠돌아다니는 것을 싫어하시죠. 저를 포함해 제가 아는 대부분의 페미니스트들은 그런 사실에 흥분했고, 사람들의 평판이 이런 식으로 부유하는 건 부당하다고 생각했어요.

그런데 그 리스트에 오른 남자들에게는 무슨 일이 생겼을까요? 아무 일도 생기지 않았습니다. 여전히 일을 하고 있지요. 그 리스트에 오른 남자들 중에는 제가 아는 사람이 있습니다. 함께 일을 한 적도 있지요. 미디어에 종사하는 사람들 중 실제로 일자리를 잃은 사람, 경력에 심각한 타격을 입은 사람들은 제한적이에요. 극도로 심한 부정행위를 저지르고, 증인을 보유한 다수의 여성이 증언한 기록이 공식화된 경우에 한합니다. 저도 남성과 여성 사이의 관계가 변화하며 생기는 불안을 이해합니다. 커다란 문화적 불안을 야기하지요. 하지만 그 불안이 정말 사실에 근거한 것인지는 모르겠어요.

러디어드 그리피스

여기서 스티븐의 의견을 들어보고 싶군요. 스티븐, 우리는 문화적 공황에 빠져있나요? 언급된 현재의 반응들이 상황에 걸맞다고 생각하십니까?

× **스티븐 프라이**

저는 무척 혼란스럽습니다. 물론 저도 와인스타인이

저지른 짐승 같은 짓, 그 행동의 야만성 등을 인식했지요. 제게도 충격이었어요. 사실 저도 와인스타인 작품의 대본 작업을 한 적이 있습니다. 하지만 그 사람 화장실 수건은 사용하지 않았습니다. 뭐, 이유는 확실하죠. 하지만 참 기괴한 일이고, 그 행위가 얼마나 극악무도한지 상상도 못 하겠습니다. 그렇게 강한 영향력을 행사하는 사람이 말이죠.

하비의 전성기 때 칸 영화제에서 있었던 일을 말씀드리죠. 우린 게임을 했어요. 호텔에서 영화제가 열리는 컨벤션 센터까지 걸어가는데, '하비'라는 단어를 들을 때마다 10점씩 얻는 게임이었어요. 10분 정도 걷는데 300점 정도를 얻었지요. "그래, 하비가 대본을 얻었어… 하비가 했어… 그래, 그날 오후 마제스틱에서 하비와 미팅을 했지" 등의 소리를 들었습니다. 와인스타인은 말도 못하게 강한 권력을 가진 사람이었습니다. 그런 위치에 있는 사람이 여성을 학대하고, 협박하고 그들의 생계를 위협했다는 건 지극히 불쾌한 일입니다.

하지만 이런 점을 밝혀야겠어요. 제가 아는 많은 사람들이 느끼는 진정한 감정은 이렇습니다. "쉿, 우리 생각을 말할 수 없어. 남자와 여자 사이에 오가는 성적이며 낭만적인 감정의 진정한 깊이와 미묘한 차이는 알 수 없는 거야"라는 생각입니다. 제가 아주 잘 아는 주제가 아니긴 하지만, 이건 남자와 남자 사이에도 중요한 문제입니다. 남자와 남자 사이의 문제일 때는 저도 알지만요. 하지만 아마도, "아니, 그건 다르지요. 역사에서 여성들은 남성들과는 다른 경험을 했으니까요"라고 말하는 분이 있겠지요. 그리고 저는 그 특정 분야에는 발을 들이고 싶지 않습니다.

다만 진짜 두려워한다고 말하고 싶어요. 제가 몸담고 있는 연예계에서 이 모든 일이 시작되었는데요. 여기 사람들은 매스컴의 열띤 관심을 받는 사안이나 이미 나온 선언 등에 대해 말하는 것을 다소 두려워합니다. "그럼, 당연하지"라고 말하며 사람들이 방을 나가기 전까지 조용히 있다가, 친구들만 남으면 그때 솔직하게 이야기를 합니다.

60여 년 동안 살며 이런 감정을 느껴본 적이 없습니다. 페미니스트들이 동독 사람 같다고 말하려는 건 아닙니다. 하지만 뭔가 비밀경찰이 엿듣고 있는 느낌이에요. "당신 조심하는 게 좋아. 그들이 듣고 있어"라고요. 이건 진짭니다. 가슴에 손을 얹고 말하는데, 그런 감정이 든다는 게 진짜 걱정스럽다는 사실을 환기시키려는 것 이외에 다른 의도는 없어요. 하지만 섹스와 관련된 사고와 끔찍한 체험 역시 걱정스럽습니다. 그러니까 두 가지 걱정이 있는데, 아직 해결이 안 된 상태인 거죠.

러디어드 그리피스

조던도 이 문제에 대한 견해를 말씀해주시죠. 이 문제에 대한 글을 많이 쓰고 언급도 많이 하셨잖아요? 아, 그리고 스티븐, 의견 감사합니다.

× **조던 피터슨**

다시 두 가지 점에 대해 지적하겠습니다. 먼저, 좌파가 도를 넘어 극단으로 치닫는 시점에 대한 제 질문에 '여전히' 답이 안 나왔습니다. 둘째, 제가 고약한 사람이라는 것도 상상할 수 있어요. 아마 누군가보다 더 고약할 수도 있고, 역으로 어떤 사람보다는 덜 고약할 겁니다. 대개는 누군가보다 덜 고약할 거라고 생각합니다만. 이렇게 말하겠습니다. 그 특정 발언을 하는 데 인종을 끌어들인 것이야말로, 빌어먹을 PC를 주장하는 좌파가 잘못되었음을 전형적으로 보여준다고요.

○ **마이클 에릭 다이슨**

이 순간 그걸 표현하는 묘사에 있어 적절한 표현이나 당신이 진정으로 느낄 상처, 불안감 그리고 모욕감을 상상해보세요. 지금 그 상처받은 감정을 상상해봐요. 그리고…

× **조던 피터슨**

나는 상처받지 않았습니다.

○ **마이클 에릭 다이슨**

아, 그래요. 당신은 기분이 나쁘지 않군요. 기분이 좋아요.

× **조던 피터슨**

그건 다른 거예요. 나는 피해자가 아닙니다. 상처받지 않았어요. 그저 '질렸을' 뿐이죠.

○ **마이클 에릭 다이슨**

상처받지 않았다고요. 좋습니다. 당신은 피해자가 아니라고요. 그럼 지금 이 순간 당신이 감내하고 있는 비非

전통적인 감정, 그게 공감이건 무엇이건 간에, 수많은 '타자'들이 그들의 인간성을 인정받지 못하며 오랫동안 견뎌야 했던 공포를 상상해보세요.

당신이 말하는 요점을 심각하게 받아들입니다. 내가 "고약하고 화가 난 백인"이라고 말하며 인종적 요소를 더했을 때, 당신은 언짢다고 말했습니다. 아마도 자신이 원하지 않는 집단 정체성에 소속된 것같이 느껴졌기 때문일 겁니다. 그 점이 흥미롭군요. 당신이 특정 인종이기 때문에 그에 근거해 불공평하게 재단되었다고 느꼈을지도 모릅니다. 내가 다소 무신경하게 당신을 특징지은 행위로 인해 개인적 정체성이 더럽혀졌다고 느꼈을 수도 있고요. 그 모든 것이 나에 대한 합당한 반응입니다. 하지만 그것은 동시에 우리가 밝히고자 한 핵심을 말하기도 합니다. 여성으로, 유색인종으로, 캐나다 원주민인 개인적 존재로 우리 자신을 보길 거부한다는 점에서 말이죠.

내가 말하고자 하는 바는 간단합니다. 내가 도시에 올 때도 특정 방식이 있듯, 인종에 대해 이야기할 때도 특정 방식을 채택하는 거죠. 여기는 흑인들이 얼마나 많은지는 모르겠습니다. 그건 잘 모르겠네요. 아무튼 나는 지적 활동을 위한 모임, 사랑과 분노에 찬 레토릭을 주고받는 모임 이외에도, 지속적으로 내 구역이 아닌 장소를 찾아다닙니다. 호전적인 장소에도 가지요. 그런 곳에서는 사람들이 나의 특정 관점을 지지하지 않을 겁니다. 그래도 갑니다. 개인적으로 장벽을 허무는 작업이 얼마나 복잡한 일인지 사람들이 이해할 수 있게 만드는 데 관심이 있기 때문이지요.

당신을 초대하고 싶습니다. 당신이 특권을 포기한다는 조건을 건다면, 구체적인 반응을 보여주고 싶습니다. 나와 함께 흑인들이 출석하는 침례교회에 가봅시다. 전통적으로 흑인들이 다니는 대학에 가고, 토착민이나 캐나다 원주민 공동체에 가봅시다. 거기에서 멋진 대화를 나누며 서로의 이야기를 들을 수 있을 거예요.

내가 인종 문제를 더한 건, 사람들이 현재 감내하고 있는 고통과 동일한 타인의 고통을 인정하지 못하는 역사적 무능력을 이야기하려는 의도였습니다.

나는 인간으로서 형제인 당신을 사랑합니다. 하지만 그래도 나는 내가 한 표현을 여전히 고수합니다.

× **조던 피터슨**

당신이 말하는 것이 무엇인지 알고 있어요. 나는 토착민 가족의 명예 일원이기도 합니다. 그러니 내가 압제와 억압에 대해 직접 가서 보고 느껴봐야 한다는 식으로 말하지 마세요. 당신은 나에 대해 전혀 모릅니다.

○ **마이클 에릭 다이슨**

당신이 나에게 질문을 했고, 그에 대해 답한 겁니다.

× **조던 피터슨**

그저 일반적인 답이죠. 인종 문제가 나오면 전형적으로 나오는 답 말입니다.

○ **마이클 에릭 다이슨**

당신에게 맞춘 답이에요. 조던 피터슨 씨, 나는 당신이 나, 마이클 에릭 다이슨과 함께 흑인 침례교회에 가보길 원합니다. 당신은 그중 한 곳에 가본 적이 있나요?

× **조던 피터슨**

기꺼이 그러고 싶군요. 하지만…

마이클 에릭 다이슨

좋아요, 당신을 낚아야겠군요.

러디어드 그리피스

짧게 한 번만 더 돌고 마무리 발언으로 들어가겠습니다. 스티븐, 한 세대가 지난 후 이 토론을 되돌아볼 때 우리가 현재 시민권 운동의 성과를 긍정적 공헌으로 이해하듯, 이 정치적 올바름 운동도 같은 맥락에서 보게 될까요? 이전에 인간의 존엄성을 누리지 못했던 사람들의 존엄성에 대한 인식을 일깨우는 진보를 이루어낸 것이 시민권 운동이었습니다. 그리고 지금 우리는 또다른 사회적 이슈에 대해 토론을 하고 있어요. 다른 집단과 공동체에 대해 이야기하고 있습니다. 그들에게 새로운 의미의 존엄성을 전달하려는 노력을 하고 있는 겁니다. 그렇다면 이 토론도 한 세대가 지난 후에는 긍정적 노력으로 회고될 수 있지 않을까요?

스티븐 프라이

저는 사람들이 이 토론을 회고하며 왜 정작 정치적 올바름에 대해서는 토론을 하지 않았는지 의아해할 거라고 생각합니다.

인종과 젠더, 평등에 대해 이야기하고 듣는 것은 흥미롭지요. 평소 제가 많이 생각하는 것들이고 배울 게 많다고 생각합니다. 하지만 그것은 제가 이 토론에 참여한 이유가 아닙니다. 저는 언어와 사고가 주는 억압, 폐쇄성, 묘한 매력이 있는 듯한 합리주의자의 아이디어, 사람의 언어를 제한하면 그들에게 다른 방식으로 사고하는 방법을 가르칠 수 있다는 생각, 예를 들면 조지 오웰식의 뉴스피크Newspeak(오웰의 소설 〈1984〉의 독재자가 사회를 통제하기 위해 기존의 말을 대체하고 조작해서 사용한 말—옮긴이)를 만들어낸 사람들을 기쁘게 할 만한 것들에 항상 관심을 가져왔습니다.

저에게는 정치적 올바름이 가능하지도 않고, 효과도 없어 보입니다. 그게 바로 제가 말하는 '경험적'이라는 단어의 의미입니다. 정치적 올바름은 경험적 실험을 참아주지 않지요. 현재의 정치적 지형에서 우리가 살펴보듯 경험적으로 입증되지도 않고요. 미래에도 그럴까봐 우려가 됩니다.

그래서 저는 주제가 그저 학계 주변에서만 맴돌았다는 점이 실망스럽습니다. 그건 예측 가능했어요. 이런 요소들이 모두 섞이는 일종의 도가니 같은 곳이 학계니까요. 하지만 정말 더 실망스러운 점은 여기 있는 골드버그 씨나 다이슨 교수가 생각하는 정치적 올바름에 대해 듣지 못했다는 것입니다. 그들이 이야기한 것은 기본적으로 "우리 관점에서 볼 때, 진보는 진보입니다"라고 말한 것뿐이에요. 음, 저도 동의합니다. 진보는 좋은 거지요!

그런데 어째서 우리가 정치적 올바름이라 부르는 것을 두 분은 진보라고 부르는 거지요? 그 점에 대해 논쟁을 해야지요. 나는 두 분이 의미하는 정치적 올바름이 무엇인지 알고 싶습니다.

미셸 골드버그

몇 달 전, 그리피스 씨가 제게 접촉해 정체성 정치에 대한 토론에 참여하고 싶은지를 물었고, 이 주제를 제시했지요. 저는 사람들이 정치적 올바름이라고 부르는 많은 것을 옹호하지 않을 거라고 말했습니다. 그러다가 내가 누구랑 토론을 할지 알게 되었고, 저는 '진보'라고 말하는 것을 조던 피터슨 씨는 '정치적 올바름'이라고 부르는 게 많다는 것을 알게 됐어요. 정도의 차이가 있지만 프라이 씨의 경우도 마찬가지입니다. 프라이 씨, 당신이 무모한 행동에 대해 이야기하면서… 아, '무모하다'라는 표현은 안 하셨지요. 안 한 말을 했다고 하진 않겠어요. 우리가 악명 높은 인종주의자의 조각상을 허물려 해서는 안 되고, 그러기보다는 그저 계란을 던져야 한다고 말씀하셨는데요. 그런 것을 당신은 정치적 올바름이라고 부르고, 저는 진보라고 부릅니다.

그리고 침묵해야 하는 느낌을 말씀하셨는데, 저도 이해합니다만 아주 모호한 것 같네요. 당신을 침묵하게 만드는 사람을 지목하지도 않고, 그저 뭔가를 이야기하면 어딘가에 종속당하게 된다는 모호한 두려움만 표출하시는데…

× **스티븐 프라이**

수치심이요.

○ **미셸 골드버그**

수치심이라. 그런데 누가 야기하는 수치심이죠? 인터넷을 말씀하시는 건가요?

× **스티븐 프라이**

이름을 말하지는 않을 겁니다. 핵심은 내가 두렵다는 겁니다. 두려움의 문화인 거죠.

○ **미셸 골드버그**

두려워할 요소가 있다는 점 이해합니다. 제가 말하는 것은, 느낌은 딱 꼬집어 말할 수 없는 결과라는…

× **스티븐 프라이**

좋습니다. 그러니까 우리 모두는 일종의 여론 조작용 재판 같은 것을 봐왔습니다. 어떤 사람이 이렇게 사과를 해요. "성 정치학에 대해 많은 것을 배웠습니다. 정말 죄송합니다." 그다음에 변호사에게 서명을 하죠. 그러면 우리는 그런 장면을 보고 그 사람 이름에 줄을 긋고 지워버리고요.

좌파의 진짜 실수는 우파를 과소평가한다는 것입니다. 우파는 우리가 원하는 만큼 어리석지 않아요. 그랬다면 좋았겠죠. 그들이 교활하지 못하고, 음흉하지 않으며, 그래서 우리의 약점을 모른다면 좋았겠죠.

나는 우파가 아끼는 무기가 정치적 올바름이라는 점

이 두렵습니다. 우리가 사람들을 어떤 식으로 대해야 하며, 어떤 언어를 사용해야 하고, 어떤 말을 받아들일 수 있고, 어떤 태도가 수용할 만하다고 지적하면 할수록 상황은 더 나빠질 거예요. 인사과 직원이 사람을 어떻게 바라봐야 하는지 빼곡하게 적어놓은 목록을 들고 당신에게 이렇게 저렇게 하라고 지시하는 일이 많으면 많을수록 그 모든 것은 나쁜 사람, 악한, 못된 배우actor를 살찌우는 술과 고기가 될 것입니다. 아, 저는 그 맥락에서 저 자신을 그 '못된 배우' 중 하나에 포함시키지 않습니다. 여기서 못된 배우란 연기하는 배우가 아니라 다른 맥락에서 그… 못된 짓을 하는 '행위자'를 말하는 겁니다.

미셸 골드버그

많은 점에서 프라이 씨에게 동의합니다만, 구체적으로 우리가 다시 부활시켜야 한다고 생각하는 악명 높은 표현이나 단어가 뭐라고 생각하시죠? 프라이 씨의 생각을 듣고 싶어요. 저에게 이건 현재 벌어지고 있는 매우 열띤 사회적 변화의 영역입니다. 많은 사람들이 느끼기를…

× **스티븐 프라이**

폐기되어 사용하지 않는 말들에 대해 이야기해야겠군요. 전문 용어적인 구호나 표현들이요. 말하자면 '이성애 규범성heteronormative'(이성애적 관계를 규범으로 보고 다른 모든 형태의 성적 행위를 이 규범에서 벗어난 일탈로 보는 경향—옮긴이)이라든가, '시스젠더cisgender'(생물학적 성과 자신이 느끼는 젠더 정체성이 일치하는 사람을 일컫는 말—옮긴이) 같은 단어들이죠. 이런 단어들은 그저 모욕일 뿐입니다. 당신이 이제 대학에 막 입학한 젊은 학생인데, 누군가 당신에게 잘못 해석된 교과서, 잘못 해석된 푸코의 말, 오독된 데리다의 사상 등에서 비롯된 이 터무니없는 해석학적 난센스를 퍼붓는다고 상상해보세요. 저는 케임브리지에서 문학을 공부했는데, 때가 되면 프랑스에 빠지는 그런 단계가 있어요. 거기에도 가치가 있지요. 재미있는 게임입니다.

지금 내 머릿속에 맴도는 유령은 오스카 와일드가 그의 연인 보시에게 쓴 편지 같습니다. 이런 내용이 있죠. "네가 학위를 따지 않았다는 사실은 전혀 중요하지 않아. 하지만 너는 옥스퍼드 스타일이라고 불리는 것은 결코 배우지 못하겠구나." 저는 여기서 이걸 대학의 방식이라고 말하고 싶습니다. 오스카는 이렇게 말합니다. "옥스퍼드 스타일이란 우아하게 개념을 가지고 놀 수 있는 능력을 의미하지." 저는 이런 것이 우리 문화에서 사라지고 있다고 생각합니다. 끔찍한 일이죠.

○ **마이클 에릭 다이슨**

자기비하를 하는 영국인이 되는 것은, 정말 어려운 일이군요.

× **스티븐 프라이**

아마 상상도 못할 겁니다.

○ **마이클 에릭 다이슨**

제게 좋은 생각이 있습니다. 우리 모두 역사를 공부했지요. 그런데 권력을 가진 사람들이 의심할 여지없는 절대 권력을 가졌을 때는 이렇게 정치적 올바름에 대한 토론이 일어나지 않았다는 점이 생각나서 재미있습니다.

권력을 가졌던 사람들, 또는 지금도 권력을 유지하고 있으면서 그렇지 않다고 생각하는 사람들이 있습니다. 그들은 소유하고 있는 것 중 아주 작은 부분, 말하자면 삶이라는 공터에 놓인 작은 장난감을 나누고 싶지 않아 해요. 그런데 누군가 거기에 도전을 해오죠. 바로 그때 정치적 올바름이 문제가 되는 겁니다. 갑자기 불만이 부풀어 오르는 거죠.

프라이 씨, 당신이 말한 모든 것들, 인사과에서 만든 목록, 시스젠더, 이성애 규범성, 이성애 가부장제, 자본주의의 부활, 통제된 지식의 반란(푸코를 좀더 애정하게 하죠), 그리고 데리다의 해체주의… 그렇게 프랑스에 빠지는 단계는 프렌치프라이와 더불어 여전히 미국에서 회자되고 있습니다. 재미있는 점을 하나 지적하죠. 한 집단의 지배가 정점에 이르렀을 때는 정치적 올바름에 대한 불평이 거의 들리지 않았습니다. 그러다가 흑인의 집단 정체성을 주장한 마틴 루터 킹 주니어가 흑인들에게 개인으로서 주목받을 기회를 제공하라고 주장하자, 비로소 그러한 불평이 제기되기 시작했어요.

이제 그런 불평가들은 그걸 정치적 올바름이라고 부르지도 않습니다. "당신은 표현의 자유에 반대하는 사람들과 함께하고 있어요. 백인인 내가 인간으로서 인식되기를 원하지 않는 사람들과 한 편에 서 있는 겁니다"라고 말할 뿐이죠. 제가 여기서 말하는 정치적 올바름이란, 다양한 차원에서 어떤 특정 수준의 힘을 가진 다양한 사람들에 의해 표출되는 일종의 르상티망ressentiment(원한, 증오, 질투 따위의 감정이 되풀이되어 마음속에 쌓인 상태—옮긴이)의 정치입니다.

푸코는 권력은 어디에서나 발생한다고 말했는데, 그게 바로 푸코 사상의 아름다움 중 하나입니다. 당신처럼 정치적 올바름에 대해 비판적인 사람은 아마 이것의 진가를 인정할 거라고 생각합니다. 권력은 종속을 요구하는 계급 구조 어딘가에서 나온다고 한 막스 베버와는 달리, 푸코는 "권력은 심지어 권력을 빼앗긴 사람들 사이에서도 발생한다"라고 말했습니다. 그러니까 당신은 당신의 공동체 내의 누군가에게 상처를 줄 수 있다는 겁니다.

1세기의 팔레스타인 유대인과 동질감을 느끼고 무신론자를 여전히 사랑하는 흑인 침례교회 목사보다 더 정치적으로 올바르지 않은 게 뭐가 있겠습니까? 코미디언 빌 머허Bill Maher가 '엔워드N-word'(니거nigger, 검둥이—옮긴이)라는 단어를 사용함에도 그를 지지하고 쇼를 계속할 능력이 있다고 변호하는 흑인 지식인보다 더 정치적으로 올바르지 않은 게 뭐가 있겠어요?

프라이 씨, 저는 정치적으로 올바르지 않은 세상을 믿습니다. 흑인 침례교 목사로서 제가 동포 신자들의 동성애 혐오증을 꾸짖을 때, 그건 완전히 망했다는 걸 세상에 공표하는 행위인 겁니다. 그러니 이런 토론 자리에 나오면 정말 어려운 지경에 처하게 되는 거죠.

× **스티븐 프라이**

그러면 이쪽으로 와서 앉아요!

○ **마이클 에릭 다이슨**

현재 사회에서, 즉 자유로운 캐나다 사회나 자유로운 미국 사회에서 정치적 올바름이라고 비쳐지는 것을 바라볼 때, 우리는 분개함의 정치가 만들어낸 심각한 혼란에 빠지게 됩니다. 한때 지녔던 힘을 더 이상 가질 수 없다는 것, 절대적으로 누렸던 자유를 이제는 나눠야 한다는 것에 분개하는 거죠.

저는 정치적 올바름이 골칫거리가 되었다는 점에 대해서는, 제 오른쪽에 앉아 있는 두 신사 분의 의견에 동의합니다. 하지만 반드시 두 분이 생각하는 것처럼 된 것은 아닙니다. 저는 힘을 사용하고 특권을 누려온 사람들이 그들만의 특별한 경우를 인식하지 못했기 때문에 골칫거리가 되었다고 생각합니다. 캐나다와 미국의 자유로운 시민인 우리는 다른 사람의 인간성을 존중할 방법을 알아내야 합니다. 그들 개인의 존재, 어떤 특정 집단이 번영하는 것을 방해해온 장애물이 거둬졌다는 사실을 존중해야 합니다. 그게 바로 제가 생각하는 정치적 올바름입니다.

러디어드 그리피스

마무리 발언으로 들어가기 전에 이 주제에 대해 미셸 그리고 조던이 발언할 기회를 드리겠습니다.

미셸 골드버그

여기에서 좌절감과 불만이 느껴지는 이유는 우리가 정치적 올바름에 대해 이야기를 할 때 두 분이 판이하게 다른 생각을 가지고 있기 때문이라는 생각이 듭니다. 저는 프라이 씨가 정치적 올바름에 대해 이야기할 때, 수많은 사람들이 불안감을 느낀다고 말한 거라고 생각합니다. 우리 모두가 인터넷을 통해 감시가 이루어지는 끔찍한 크라우드 소싱 파놉티콘crowd-sourced panopticon(기업 활동의 일부 과정에 대중을 참여시키는 것을 의미하는 '크라우드 소싱'과 감시자가 자신을 드러내지 않고 수용자를 감시할 수 있는 형태의 감옥을 뜻하는 '파놉티콘'의 합성어—옮긴이)의 세계에서 살고 있으니까요. 프라이 씨, 당신의 솔직하고 직설적인 표현이 당신을 헐뜯는 데 사용될 수 있다는 점을 걱정하시는 거죠?

많은 사람들이 그 점을 걱정한다고 생각합니다. 하지만 저는 그게 오로지 지나치게 비판적인 좌파들이 오스카 와일드같이 태평한 인물들을 비난하는 행위라고 주장하는 것에는 동의하지 않습니다. 왜냐하면 그런 현상은 모든 곳에서 발생하고 있으니까요. 이건 정말 역겨운 현상입니다만 어디에서나 일어나는 일이에요. 제가 이스라엘 방위군이 가자 지구에서 하는 행동을 비판하는 글을 쓰면서 알게 됐습니다. 이 현상은 우리 모두에게 덤벼들고 있어요. 이런 일이 어떤 특정 형태로 불만과 함께 발생할 때, 당신은 부당하게 비판을 받고 어쩔 수 없이 침묵해야 한다고 느끼는데(이건 단순히 침묵하는 것과는 확연히 다르죠), 당신은 그걸 정치적 올바름이라고 부릅니다.

저는 문화가 좀더 자유분방해지기 바랍니다. 좌파가

이런 현상을 종식시키게 만들 수는 없어요. 그 이유는 지금의 문화는 위에서 강제적으로 힘을 행사해서 나오는 것이라기보다는 소셜미디어를 이용해 무리를 이루는 현상인 면이 더 강하기 때문입니다. 이것을 돌파해나가는 유일한 방법은 말하기 두려워하는 바로 그것을 말하는 것입니다. 그렇지 않을까요? 그게 거품을 터뜨릴 유일한 방법이에요. 불안을 종식시키기 어렵다면 최소한 분산시킬 방법인 거죠.

저는 피터슨 씨가 말하는 정치적 올바름을 사회 변화에 있어 훨씬 더 넓고 근본적인 것으로 이해했어요. 그리고 저나 다이슨 교수님, 둘 중 한 명에게 좌파가 도에 지나칠 때에 대해 이야기해보라고 하셨지요. 당신이 하지도 않은 말을 했다고 우기고 싶지 않지만, 제가 피터슨 씨의 말을 정확하게 들었다면, 당신은 제가 마르크스주의식의 범주를 버리기를 원하는 건가요? 아니면…

× 조던 피터슨

그건 골드버그 씨에게 달려 있지요. 나는 그저 당신이 그렇게 하길 바랄 뿐입니다. 좌파가 도에 지나치게 나갈 때가 언제인지 정의해주세요. 골드버그 씨가 원하는 방식으로 할 수 있지 않나요?

○ **미셸 골드버그**

좌파가 도를 지나칠 때는 폭력적이거나 심하게 비판적일 때입니다. 사람들을 단절시키려 들고 그들에게 말할 기회와 연단을 주지 않을 때, 폭력적으로 행동할 때라고 생각합니다. 피터슨 씨가 그 이상 뭘 더 기대하는지 모르겠네요.

× **조던 피터슨**

좀더 깊이 들어가보세요.

○ **미셸 골드버그**

더 깊이? 어떻게요?

× **조던 피터슨**

20세기 좌파 진영의 병폐가 만든 일련의 사상과 씨름해보라는 말입니다. 그리고 모범적이고 인정받는 좌파의 생각은 어떤 것인지 정의를 내려보세요. 이들은 중요한 자리를 차지하고 있는데, 역시 너무 나갔지요.

○ **마이클 에릭 다이슨**

우파도 도를 넘어섰나요?

× **조던 피터슨**

그렇습니다. 우파도 너무 극렬하게 변했던 적이 있습니다.

○ **마이클 에릭 다이슨**

어떻게요? 말씀해주시죠?

× **조던 피터슨**

음, 아우슈비츠 수용소를 예로 들 수 있겠군요.

○ **마이클 에릭 다이슨**

그 밖에 뭐가 또 있죠? 좀더 최근 사건 중에 우파가 극단으로 치달으며 잘못된 길로 간 적이 뭐가 있죠?

× **스티븐 프라이**

샬러츠빌 사태?(2017년 미국 버지니아주 샬러츠빌에서 벌어진 백인우월주의자들의 집회. 유혈사태로 이어졌다—옮긴이)

× **조던 피터슨**

저는 좌파든 우파든 간에 정체성 정치를 펼치는 사람들을 싫어합니다. 저는 30년 동안 극단주의 우파에 대한 강의를 했어요. 좌파들은 자기네 입장에서 편리하기 때문에 저를 우파라고 덧씌우지만 저는 절대 우파를 지지하지 않습니다.

○ **마이클 에릭 다이슨**

최근 들어 우파가 도를 넘어선 사례가 어떤 것이 있습니까?

× **조던 피터슨**

유럽에서 정체성주의가 극단으로 치달으며 위협적인 상황이 벌어졌었죠. 그건 확실합니다. 샬러츠빌 사태도 그 한 사례이고, 노르웨이 사건(2011년 극우주의자 브레이비크는 노르웨이가 이슬람화되고 있다고 생각하고, 집권 노동당 청소년 캠프에서 총기를 난사해 77명을 살해했다—옮긴이)도 그렇지요. 얼마나 더 많은 사례를 원합니까? 그리고 왜 내가 그걸 거명해야 합니까? 당신에게 내가 정체성주의를 신봉하는 우파를 싫어한다는 걸 보여주기 위해서요?

○ **마이클 에릭 다이슨**

당신이 먼저 내게 묻고 요구해서 나도 물어보는 겁니다.

× **조던 피터슨**

사실은 내가 당신에게 질문을 하고 있었어요. 그러니까 당신은 아무튼 내가 우파 측이라고 가정하는 거죠. 보십시오. 우파는 대학에서 인문학과 사회과학 분야를 장악하지 않았습니다. 그 점은 아주 간명합니다. 우파가 그랬다면 나는 그들에게도 반대했을 겁니다.

○ **마이클 에릭 다이슨**

다시 한 번 말씀해주시겠어요? 잘 못 들었습니다.

× **조던 피터슨**

우파가 아닌 좌파가 대학의 인문학과 사회과학 분야를 장악하고 있다고요. 통계적 증거를 보건대 그 비율이 압도적입니다.

○ **마이클 에릭 다이슨**

그렇다면 유전적 형질에 대한 IQ 테스트를 어떻게 생각하시죠?

× **조던 피터슨**

우린 정치적 올바름에 대해 토론하려고 이 자리에 모인 건데, 정말 형편없이 못하고 있군요.

○ **마이클 에릭 다이슨**

아, 알겠습니다. 저는 사례 하나를 든 것뿐인데, 당신은 대답하지 못하는군요. 그렇다면 뭐, 알겠습니다.

러디어드 그리피스

자, 그렇다면 마무리 발언을 잘해서 한 번 만회해보지요. 3분씩 드리겠습니다. 이번에는 거꾸로 가서 먼저 스티븐 프라이 씨부터 해보겠습니다. 스티븐?

× **스티븐 프라이**

토론이 정말 재미있었습니다. 대화 중에 엄청난 문화적 격돌이 있었고요. 저는 이걸 장사꾼이 엉터리 물건을

팔 때 구사하는 고전적인 스타일이라고 부르고 싶습니다. 일종의 이야기 형식이자 웅변 스타일인데, 정말 계속해서 신선하고 활력을 준다는 인상을 받았습니다. 하지만 우리가 정말 주제에 집중했는지는 잘 모르겠어요. 저는 언제나 정통이나 통념에 반기를 들어왔습니다. 이단아이자 비주류를 자처합니다. 그게 바로 접니다.

언어가 사람에게 영향을 미친다는 사실을 우리가 과소평가해왔다는 생각이 듭니다. 특히 젊은이들이 그에 영향을 받습니다. 이제 대학 교육을 받거나 직업을 갖고 경력을 시작한 젊은이들을 아주 불안하게 만들어요. 그들을 아주 화나고 흥분하게 만들며, 세상을 살아가는 방식을 더 이상 모르겠다고 소외감을 느끼게 만듭니다. 어떻게 관계를 맺어야 하고, 정직하게 생각하는 방식이 무엇인지를 모르는 거죠. 그러다 보니 자기들만의 소집단으로 점점 더 뭉치는 거예요. 그건 사회에 위험하고 불행한 일입니다. 영화와 문학 그리고 예술 등 문화 전반이 부실한 상황에 이런 현상이 반영되어 있다고 생각합니다. 그런 풍조가 만연한다는 두려움이 있어요. 사람들이 이런 상황을 학자들에게 이야기하면 그들은 아마 이렇게 말할 겁니다. "와서 우리 수업을 보세요. 우리 강의는 자유롭고 개방적이에요. 아이디어 공유가 원활하게 이루어지죠." 그럴 거라고 생각합니다. 하지만 제가 말한 그런 감정이 우리 문화 속에 얼마나 만연해 있는지를 과소평가해서는 안 된다고 생각합니다.

자유주의자들이 자유를 요구하면서 오히려 자유를 제한하고, 포용성을 주장하면서 배타적이 됩니다. 또한 이질성을 인정하자고 말할 때 동질적이 된다는 게 이상한 역설이지요. 그리고 다양성을 주장하면서 다양성을 띠지 못하는 거예요. 자신이 다양성을 겸비했다고 말할 수는 있습니다. 하지만 그러면서 정작 의견과 언어, 행동은 다양하지 못할 수 있다는 거죠. 그건 정말 슬프게도 유감스러운 일이죠.

오늘 토론에서 극렬하게 대립되는 순간이 있었는데 그게 유감스럽습니다. 그렇게 되지 않기를 바랐는데 말이죠. 각기 다른 정치적 전망을 하는 사람들이 유머와 기지를 발휘해 무겁지 않고 경쾌하게 토론이 이루어지기를 바랐습니다. 작가 체스터턴G. K. Chesterton이 "천사는 자신을 가볍게 여기기 때문에 날 수 있다"라고 말한 것처럼요.

그건 우리에게 아주 중요하다고 생각합니다. 여기 이

자리에 있는 우리 네 사람 모두는 특권을 누리고 있습니다. 이 자리에 앉아서 토론을 하고, 이런 토론에 와달라는 부탁을 받는 특권 말입니다. 바로 우리 자신을 좀 더 가볍게 받아들여야 합니다. 너무 진지하게 굴지 말고, 너무 뽐내지도 말며, 너무 심각하지도 않게요. 너무 확신하지도 말고요.

진심으로 참여하고, 정서적으로 성취감을 주고, 열정적이면서 긍정적인 의심을 해야 합니다. 제가 촉구하고 싶은 바는 그것입니다. 감사합니다.

러디어드 그리피스

마이클, 당신 차례예요. 3분 드리겠습니다.

○ 마이클 에릭 다이슨

칭찬 매우 감사합니다, 프라이 형제. 저는 비단 백인뿐 아니라 여러 사람들이 겸손하게, 일정 수준에 맞춰 흑인의 지성을 표현하는 상황에 익숙합니다. 흑인의 지성은 자동적으로 허풍쟁이 장사꾼의 영업 스타일로 간주되는 경우가 있죠. 경험해본 적이 있어서 잘 압니다. 저는 매일 백인 형제자매들로부터 협박 편지를 받습니다. 제가 그들의 자녀를 가르치기 때문에 화가 난 사람들이죠. "당신이 우리 아이들을 꼬드기고 있어요. 애들을 타락시키려 하고 있다고요" 이렇게 말하죠. 그래요. 나는 아이들을 타락시키려 노력하고 있습니다. 그래야 모든 사람을 인간으로 보지 않는 사회로부터 물려받은 타락성으로 인해 부패하지 않을 테니까요.

제 마음의 소리를 표현하려는 노력 때문에 끊임없이 죽음의 협박을 받은 것입니다. 저는 마음이 열려 있고, 말할 수 있는 능력이 있습니다. 그런데 이 사회가 그걸 두려워한다면, 정치적으로 올바르지 않은 겁니다. 그저 제가 마음의 소리를 말하기로 선택했기 때문에, 단순히 그 이유 때문에 진짜로 저를 죽이겠다고, 상처를 주고 해치겠다는 생생한 죽음의 협박을 받고 있습니다.

나의 동지, 동포들은 표현의 자유, 말할 자유에 가해지는 악랄한 제한과 반복에 저항해야 한다고 주장합니다. 저도 동의합니다. 저는 모든 사람이 스스로 자신의 생각을 확실하게 표현할 수 있는 권리를 가졌다고 믿습니다. 그리고 오늘 이 같은 자리에 오게 된 것은 우리가 막대한 특권을 가지고 있으며, 그에 대해 책임을 져야 한다는 것을 의미합니다.

여기서 어디를 향해 가게 되건, 저와 피터슨 형제는 흑인들이 출석하는 침례교회에 갈 것입니다. 이 점에 대해 피터슨 형제가 약속을 지키게 할 겁니다. 전국에 방송되는 TV프로그램에서 약속을 했으니까요. 함께 흑인 침례교회에 가서 서로 교양을 쌓을 뿐 아니라 비판, 통렬하고 신랄한 비판에도 적극적이어야 한다는 점에 대해 계몽적인 대화를 나눌 겁니다. 그리고 그 대화는 어떤 사람들을 위한 것이 될 겁니다. 그들은 일반적으로 TV에 나오지 않습니다. 이 사람들의 의견이나 목소리가 반영되는 일도 없고, 사회가 그들의 생각을 심각하게 받아들이지도 않습니다. 그런 사람들에게 필요한 것과 그들의 이해관계에 대해 이야기할 것입니다. 그래서 그 사람들이 사회의 계급 구조에서 좀더 높은 단계에 올라가 자신을 표현할 수 있게 되었을 때, 비로소 그들도 똑같이 통렬한 비난과 괴로운 저항을 받는 입장이 될 것입니다.

돼지와 닭에 관한 옛날이야기가 있지요. 둘이 길을 걸으며, "아침 먹자"라고 말합니다. 자, 우리가 아침으로 즐겨 먹는 베이컨 에그를 만들려면, 닭은 달걀을 포기하고 돼지는 엉덩이를 내줘야 합니다. 어느 쪽 희생이 더 클까요? 지금까지 우리는 많은 희생을 치르는 돼지가 되는 경우가 많았습니다. 이제는 다른 모든 사람들과 베이컨 아침식사를 나눕시다. 감사합니다.

× **조던 피터슨**

억압, 불공정, 잔악성, 차별, 불공평한 권력남용… 저는 이 같은 것이 없다고 주장하기 위해 이 자리에 선 것이 아닙니다. 지각이 있는 사람이라면 누구나 계급 구조에 근거한 제도는 독재를 향해 기운다는 것을 압니다. 하지만 계급 구조의 모든 것이 권력과 독재가 되지 않도록 하기 위해 계속해서 깨어 있어야 한다는 것도 알지요.

푸코를 인용한 것이 참 재미있군요. 애석하지만 재미있는 것이, 푸코는 그의 프랑스 지식인 동지들과 마찬가지로 본질적으로 계급 구조의 근간을 이루는 유일한 것은 권력이라고 믿었습니다. 제가 말하고 있는 이 독소적인 '정치적 올바름' 교리도 부분적으로 그와 동일합니다. 계급 구조가 부패할 때, 거기에서 위로 올라갈 수 있는 유일한 방법은 권력을 행사하는 것입니다. 그건 '독재'에 대한 본질적인 정의이기도 하고요.

하지만 최소한 그게 다음을 의미하지는 않습니다. 우

리가 비교적 자유로운 국가에서 만들어낸 불완전한 계급 구조가 능력과 실력 쪽으로 기울지 않는다? 그런 의미가 아니라는 겁니다. 우리가 힘들게 이룩해낸 엄청난 문명의 발전에서 그 증거를 찾아볼 수 있지요. 그리고 우리의 제도를 진단하는 적절한 방법이 전혀 주저함 없이 1차원적으로 오로지 권력과 관련이 있다는 의미도 아닙니다. 또 그 결과 계급 구조 안에서 어떤 위치나 지위를 차지한 모든 사람들이 독재자이거나 미래의 독재자라고 가정한다는 의미도 아니고요. 그게 바로 푸코 같은 사람의 기본적인 주장이에요. 그리고 정치적 올바름이라는 이름의 이념적 대재앙의 요체이기도 하고요.

저는 진보에 반대한다고 주장하는 것이 아닙니다. 기회의 평등이 틀렸다고 말하지도 않습니다. 지각이 있는 사람이라면 누구나, 설령 자기가 이기적이라도 모든 사람들의 다양한 재능에 자신을 연결하면 이득을 볼 수 있다는 것을 압니다. 또 능력과 상관없이 자의적인 이유로 누군가를 차별하는 것은 혐오스러운 행위라는 것도 이해합니다. 그건 지금 우리가 다루는 현안과 전혀 상관이 없어요. 과거에 좋은 일이 일어나지 않았다고 해서 계속 일어나지 않아야 한다는 건 아니지요. 그건 핵심이 아니에요. 핵심은 여기 저와 함께한 프라이 씨가 지적한 대로입니다. 우리는 재앙에 대해, 역사적 불평등에 대해 동의할 수 있지만, 정치적 올바름이 그런 문제를 해결하는 방법이라는 데는 동의하지 않습니다. 그 반대 경우에 대한 증거가 풍부하지요. 그중 몇 가지가 오늘밤 확실하게 드러났고요.

미셸 골드버그

우리 모두가 직면하는, 해결하기 힘든 문제 중 하나가 감정의 역할이라는 데 동의하시죠? 스티븐 프라이 씨는 우리에게 그가 느끼는, 침묵해야 한다는 감정을 인정하고 공감해주길 요청했습니다. 무슨 말인지 이해합니다. 저도 가끔 칼럼을 쓰면서 똑같은 감정을 느낍니다. 제가 뭔가를 썼는데, 적대적인 트위터 이용자들이 격분해 제 뒤를 쫓아다닐 때가 있습니다. 정말 싫어요.

이렇게 말해보겠습니다. 베스트셀러 작가이자 아주 유명한 지식인이 인터뷰에서 "아마도 미투 운동은 남성과 여성이 함께한 이 전체 실험이 효과가 없었다는 것을 보여줬다"라고 말했고, 그 말을 수많은 여성들이 매우 심각한 위협으로 느꼈다는 점을 인정하라고 말한다면요? 어떻게 생각하시죠? 아니면, 여성들에게 "직장이 성적 대상화가 벌어지는 곳이 되지 않기 바란다면 화장을 하지 못하게 해야 한다"라고 말하려는 건가요?

× **조던 피터슨**

저는 그런 말을 하지 않았습니다.

○ **미셸 골드버그**

〈바이스VICE〉 인터뷰에 있어요. 검색해보세요.

× **조던 피터슨**

그렇게 말하지 않았어요.

○ **미셸 골드버그**

제가 위협받는 느낌이라고 말하면, 저는 "정치적으로 올바르고" "신경증적"인 사람이 되는 거지요. 정치적 올바름에 관한 토론이나 정치적 올바름을 비난할 때 큰 부분을 차지하는 것은, 사람들이 "내 감정을 존중해줘" 또는 "내 감정을 수용해줘"라고 말하는 것과 관련이 있어요. 그리고 우리는 어느 정도는 모든 사람들의 감정을 수용할 수 있어요.

하지만 진심으로 자기들의 감정이 수용되어야 한다고 생각하는 집단이 하나 있고, 그들이 계속해서 우리와 대립하는 거지요. 저도 어느 정도는 소속되어 있다고 볼 수 있는 이 집단은 특히 침묵해야 한다는 감정, 소외되고 검열당한다고 느끼는 감정이 최우선적으로 존중되어야 한다고 말합니다. 이런 '타'집단들이 자신이 위협받고 소외된다고 느껴지는 감정을 심각하게 받아들여 달라고 요구할 때, 우리는 그들을 조롱할 수 있습니다. 그때 우리는 그들의 요구를 바로 '정치적 올바름'이라고 부릅니다.

마지막으로, 사람은 언제 점점 더 편협해지고 부족주의적으로 돌아갈까요? 바로 위협을 받는다고 느낄 때, 자신의 집단 정체성이 위기에 처했다고 느낄 때 그렇습니다. 이를 뒷받침하는 연구 결과가 상당히 많습니다. 그래서 프라이 씨는 우파의 부상에 대해 좌파를 비난하고 싶은 것일 겁니다. 다원주의적 자유민주주의의 기본적인 이상에 의문을 제기하는 사람들, 즉 우파의 부상에 대해 한 마디 하겠습니다. 그러한 의견이 더욱 주류화될수록 점점 더 많은 사람들이 두려움을 느낀 나머지 아예 반응하길 거부할 겁니다.

러디어드 그리피스

감사합니다. 무엇보다 여기 네 분 논객을 대표해 청중 여러분께 감사드립니다. 여러분은 적극적으로 참여해주셨고 매우 정중하게 행동해주셨습니다. 무대에 오른 토론자들과는 다른 스타일의 예의를 보여주셨지요. 토론자를 대신해 감사드립니다. 청중 여러분, 오늘 매우 어려운 주제를 다뤘는데 아주 잘해주셨어요.

오늘 토론해주신 논객들께도 감사의 말씀 전합니다. 네 분 모두 연설이나 강연을 하시겠지만, 이렇게 무대에 올라 TV 시청자들을 포함해 청중들 앞에서 실시간 생방송으로 자신의 생각을 주장하고 반박하며 경합을 벌인다는 건 매우 다르죠. 초청을 수락하고 오늘밤 이 자리에 함께해주셔서 정말 감사합니다.

이곳 로이 톰슨 홀에 다시 모일 수 있게 해주신 오리아 재단Aurea Foundation과 멍크 가家에 감사의 말씀을 드립니다. 이번 가을에 다시 찾아오겠습니다.

지금 이곳에 계신 모든 분들께는 투표권이 있습니다. 나가면서 투표하실 수 있습니다. 결과는 신속하게 알려

드리겠습니다. 오늘밤 토론이 시작할 때 여러분의 의견이 어땠는지 빨리 검토해볼까요? 토론 주제, "정치적 올바름은 과연 진보라고 할 수 있는가?"에 대해 36퍼센트가 동의했고, 64퍼센트는 그에 대해 반대 의사를 표시했습니다. 그리고 토론을 들은 후 마음을 바꿀 수 있다고 하신 분은 87퍼센트였고요. 자, 그럼 오늘밤의 열띤 토론이 여러분께 어떤 영향을 미쳤는지 알아보겠습니다.

투표 결과

토론 전 투표 결과는 찬성 36퍼센트, 반대 64퍼센트였다. 토론이 끝난 후 최종 투표 결과는 찬성 30퍼센트, 반대 70퍼센트로 바뀌었다. 반대 팀의 득표수가 증가했으므로, 스티븐 프라이와 조던 피터슨 팀이 승리했다.

3부

토론 후 인터뷰

스티븐 프라이 & 조던 피터슨

마이클 에릭 다이슨 & 미셸 골드버그

스티븐 프라이 & 조던 피터슨

러디어드 그리피스

두 분, 감사합니다. 토론에 대한 소회를 듣고 싶은데요. 먼저 조던부터 하시죠. 열띤 순간이 있었습니다. 마이클 에릭 다이슨과 오갔던 공방에 놀라셨나요?

조던 피터슨

네, 그랬던 것 같습니다. 아시겠지만 토론 전략적인 면에서 좋은 방법은 아닌 것으로 보이죠. 저는 제가 말했던 것을 고수합니다. 제 개성이나 성향과 무관하게, 저의 인종 정체성이 토론에 끌려들어갈 이유가 전혀 없지요.

프라이 씨에게 방금 말했듯, 함께 토론 무대에 오를 수 있어서 즐거웠습니다. 자신의 신념을 그토록 놀라운 열정, 기지와 관용, 그리고 박식함으로 표현하는 분을 만나본 적이 드뭅니다. 정말 특별했습니다.

러디어드 그리피스

스티븐, 흥미진진하고 어려운 토론이었습니다. 어떤 의미에서 두 개의 다른 세계관이 딱 맞물리게 하려 노력하다 보니 그렇게 됐는데요. 한쪽은 정체성 정치, 집단 정체성에 초점을 맞췄고, 스티븐 당신은 그보다 더 포괄적인 문화 자체, 대의 그리고 대화의 분위기에 대한 논쟁을 펼쳤습니다.

스티븐 프라이

네. 제가 약간 산만하게 굴었던 것 같아 걱정이 됩니다. 산만하면서 매우 구체적이었어요. 저는 정치적 올바름이 의미하는 대중적 아이디어를 글자 그대로 받아들였습니다. 즉, 어떤 언어를 통제하는 것, 특정 표현을 사용하지 못하게 하거나 새로운 표현의 도입을 막는 것, 또는 기업 인사부서에서 매일 벌어지는 일상 또는 그 비슷한 일로요. 그래서 약간 실망스러웠고, 그러다 보니 토론이 인종과 젠더 등에 관한 것이 되어버렸습니다. 하지만 그건 자연스러운 현상이죠. 그리고 사실 저는 여전히 좌파입니다. 온건하긴 하지만요.

러디어드 그리피스

그렇게 온건하지 않아요!

스티븐 프라이

저는 모든 면에서 힘없고 물렁합니다. 그런데 그건 정치적 견해 측면이 아닌, 개인적인 거예요.

러디어드 그리피스

그렇지요.

스티븐 프라이

개인적인 영역과 정치적인 영역 사이의 간격은 아마도 심리학자인 피터슨 씨가 흥미를 가질 주제인데요. 거기에 대해 알려진 것이 거의 없습니다. 사람들이 한편으로는 너무 개인적이라서 바깥세상과 인간사에 전심전

력하지 않지요. 반대로 너무 정치적이고 계급 구조나 네트워크를 구별하는 데 집중하다 보면 개인을 잊게 됩니다. 이 두 가지 사이의 틈이 열정적인 자유주의적 삶을 위한 공간인데요, 그렇게 살기는 쉽지 않습니다. 나약하고 물러터진 것처럼 들리기 때문이죠. 저도 그랬다는 걸 알고 있습니다. 하지만 저는 그걸 즐겼어요.

러디어드 그리피스

참여해주셔서 감사합니다. 열띤 토론을 해주셨으니 이제 연회에 가실 텐데요. 마지막으로 하시고 싶은 말씀이 있습니까, 조던? 혹시 시간이나 기회가 되지 않아 말하지 못하고 놓친 부분이 있나요?

조던 피터슨

아닙니다. 할 말을 했습니다.

러디어드 그리피스

스티븐은 어떤가요?

스티븐 프라이

저도 말하고 싶은 것을 모두 말했다고 생각합니다. 이 분야에 대해 이야기할 수 있는 것이 아주 많겠지만, 아마도 모든 사람들이 그렇듯 쟁점을 이대로 남겨두고 싶습니다. 간단한 이치입니다. 우리 모두 세상이 좀더 공정하고, 올바르며, 더욱 다정하고 따뜻한 곳이 되길 원합니다. 어떻게 그렇게 만드느냐가 관건인데, 그 점은 우리가 다루지 못했다고 느껴지네요.

러디어드 그리피스

네. 두 분 정말 감사합니다.

마이클 에릭 다이슨 & 미셸 골드버그

러디어드 그리피스

마이클 에릭 다이슨과 미셸 골드버그 씨를 모시고 토론에 대한 소회를 들어보겠습니다. 마이클 그리고 미셸, 토론에 참여해주셔서 감사드립니다.

미셸 골드버그

감사합니다.

러디어드 그리피스

정치적 올바름은 까다로운 주제입니다. 여러 가지 상이하고 유동적인 요소가 많지요. 정치적 올바름의 구성

요소 중 몇 가지는 다루었다고 생각하는데요. 미셸부터 시작해볼까요. 토론 중에 시간 제약이나 기회가 없어서 미처 다 말하지 못한 부분이 있습니까?

미셸 골드버그

젠더 부분에 대해 피터슨 씨와 좀더 심도 깊은 토론을 하고 싶었는데 그게 아쉽네요. 그리고 피터슨 씨는 페미니즘의 진전을 정치적 올바름으로 간주했는데, 그것도 다뤄보고 싶었지만 그러지 못했습니다. 답답했던 이유 중 하나는 피터슨 씨와 프라이 씨가 겹치는 부분이 있지만 상당히 다른 아이디어에 대해 이야기하고 그것을 변호하려 했기 때문이라고 생각합니다. 정치적 올바름의 어려운 점 중 하나가, 그 현상 전체에 대해 이야기하기에는 이 정치적 올바름이라는 용어 자체가 파악하기 어렵다는 거예요.

러디어드 그리피스

그렇지요. 정치적 올바름이라는 개념으로 대화의 시작과 마무리를 한다는 것도 어려운 일이죠. 그리고 마이클, 어떤 기분이었습니까? 서로 날카로운 공방이 오간 순간도 있었는데요. 그 점 감사드립니다. 멍크 디베이트의 토론은 결코 맥없이 수그러지는 소극적인 자세를 환영하지 않지요. 말하지 못한 부분이나 첨언하고 싶은 부분이 있습니까?

마이클 에릭 다이슨

사회자는 토론자가 지적으로 책임을 지게 만들어야 한다고 생각합니다. 피터슨 씨는 자신이 과거에 한 발언을 미셸이 지적한 것에 대해, 그런 말을 하지 않았다고 부정했지요. 그리고 자신이 여성과 다른 소수자들에게 했던 혐오스러운 발언에 대해서는 언급하지 않고 스스로를 일정한 방식으로 부각시키려고 했어요. 그런 점에 대해 토론자가 좀더 참여적인 반응을 보이기를 원합니다.

프라이 씨는 우리가 정치적 올바름만 빼고 다른 모든 것에 대해 이야기했다고 불만을 토로했습니다. 음, 캐나다와 미국 문화에서 이루어져야 할 필요가 있는 몇몇 심각한 정치적 작업이 정치적 올바름에 달려 있는 것이 현실이라고 말하고 싶습니다. 제가 말하려 했던 것은 이성애 백인 남성들이 주도권을 쥐고 있는 한 정치적 올바름을 이룰 수 없다는 겁니다. 그때는 "이 문제를 해결하자"라는 논쟁이 있을 수가 없어요. 하지만 지금처럼 그들이 더 이상 절대 권력을 휘두를 수 없어도 여전히 압도적인 권력을 쥐고 있을 때는 논쟁할 여지가 있는 겁니다.

그리고 미셸이 언급한 젠더, 직장, 인종, 섹슈얼리티 등의 쟁점에 대해 한 마디 하면, 우리 모두 토론 중 불필요하게 강하고 가끔은 너무 세게 표현했다고 생각합니다.

러디어드 그리피스

미셸, 마지막으로 하실 말씀이 있나요?

미셸 골드버그

피터슨 씨가 남성과 여성이 함께한 실험이 아마 효과 없을 거라고 말했다고 제가 인용했지요? 그 인용이 궁금하면 검색해보세요. 〈바이스〉 인터뷰에서 나온 말입니다.

다른 토론에서였다면 아마 스티븐 프라이 씨와 제가 같은 팀일 수도 있었을 겁니다. 저는 '정치적 올바름'이라는 표현이 너무 확장돼서 도전의 전체 영역을 다 덮어버리게 된 것같이 느껴집니다. 사람들이 얼마나 많이 자신의 감정에 대해 이야기하는지 알게 된 게 흥미로웠습니다. 여성이 그들의 감정에 대해 이야기할 때는 그것을 'PC의 과잉'이라고 하는데, 남성이 경험적으로는 정의할 수 없는 이 감정에 대해 이야기하면 경의를 표해야 하니 말이에요.

러디어드 그리피스

알겠습니다. 예리한 통찰입니다. 그럼 뒤풀이 연회로 가실까요?

미셸 골드버그

감사합니다.

마이클 에릭 다이슨

네, 그렇게 합시다.

한국어판 부록

왜 지금 '정치적 올바름'이 문제인가

문화 전쟁, 미디어, 그리고 PC

林明默

임명묵 서울대학교 아시아언어문명학부에서 서아시아 지역을 전공하고 있는 대학생이다. 독서와 글쓰기가 취미로 2016년부터 SNS에 글을 올려 세상과 소통하고 있으며, 서로 관련이 없을 것 같은 다양한 지식을 엮어내는 데 관심이 많다. 인터넷 뉴스 채널 〈슬로우 뉴스〉에 다양한 주제로 원고를 쓰고 있으며, 〈서울신문〉 '2030 세대'에 칼럼을 기고하고 있다. 지은 책으로 《거대한 코끼리, 중국의 진실》이 있다.

필자는 가끔 유명 게임회사 블리자드에서 몇 년 전 출시한 〈오버워치〉라는 게임을 하곤 한다. 〈오버워치〉는 수십 년 뒤 근미래를 배경으로 하여 세계 각지를 배경으로 특정 미션을 수행해야만 하는 FPS(1인칭 슈팅) 게임이다. 이 게임에서 특기할 점은 심심치 않게 'PC' 논란에 시달린다는 점이다. 이 책을 구매할 정도의 독자라면 이미 충분히 알고 있겠지만 PC는 '정치적 올바름'을 뜻하는 영어 'Political Correctness'의 준말로서 소수자들을 차별, 배제하는 언어 사용 및 표현을 지양하자는 신념, 혹은 그에 기반한 사회운동을 뜻하는 말이다. 〈오버워치〉는 그간 성소수자, 유색인, 장애인을 비롯한 다양한 소수자 정체성을 반영하는 캐릭터를 적극적으로 출시해왔고 이것이 유저들 사이에서 상반되는 평가를 받으면서 PC 논란이 불거지게 되었다. 한쪽에서는 〈오버워치〉가 다양한 소수자 정체성을 반영하여 게임이 사회의 진보를 이끌 수 있다는 것을 보여주었다고 추켜세웠고, 다른 쪽에서는 〈오버워치〉에 여러 문제가 산적해 있으며 중심 이야기는 진행조차 안 되는데 제작자들이 "PC 놀음"에만 빠져 게임의 본질을 잊었다고 비판했다.

〈오버워치〉뿐만이 아니다. 유명 FPS 시리즈인 〈배틀필드〉에서도 게임의 배경인 제2차 세계대전과 전혀 맞지 않는 '소수자 코드'가 들어간다고 일군의 게이머들이 반발을 표한 적이 있었다. 영화에서도 이는 당연히 해당된다. 예컨대 최근 개봉했던 〈캡틴 마블〉과 그 이전의 〈블랙팬서〉 모두 스토리나 캐릭터의 개연성을 희생하고 PC를 "묻혔다"는 의견이 있었고, 다른 한편에서는 억압받던 소수자들의 이야기를 훌륭하게 표현해낸 수작이라는 말이 있었다. 장르를 가리지 않고 콘텐츠마다 이런 논란이 잦으니 인터넷 사이트에서는 "대체 PC가 무엇이냐, 퍼스널 컴퓨터 말고" 같은 질문도 자주 올라오곤 했다.

구구절절 이런 이야기를 쓴 이유는 정치적 올바름이 단순히 북미나 서유럽 지식인들끼리의 토론으로 끝나지 않는다는 것을 강조하고 싶어서였다. 40대 혹은 50대에게 이런 논란은 굉장히 어색하게 다가올 수 있다. 기껏해야 컴퓨터 게임에 여자

캐릭터가 나오는 걸 가지고 뭐 그렇게 논쟁할 게 있겠는가? 하지만 2030 세대에게 있어서 일상적으로 접하는 컴퓨터 게임과 할리우드 블록버스터는 그 자체로 중요한 대화 주제일뿐더러, 정치적 올바름으로 상징되는 '소수자 배려 정책'은 최근 들어 가장 뜨거운 논쟁 주제가 되었다. 최근 20대에서 관찰되는 극심한 남녀 대립 또한 이 연장선상에 있다고 봐도 큰 무리는 없을 것이다. 사실, 생소한 영어권 지식인들의 토론을 담은 이런 책이 번역, 출간되는 것 자체가 어느 정도 이 주제에 대한 한국 사회의 관심을 이미 반영하고 있는 것으로 봐야 하지 않을까 싶다.

그렇다면 우리는 뜨거운 감자와 같은 이 정치적 올바름이라는 주제에 대해 어떤 입장을 취해야 할까? 미셸 골드버그, 마이클 에릭 다이슨이 주장한 대로 그동안 다수, 주류 권력에 의하여 억눌려온 소수자들의 정체성을 배려하기 위해 의식적으로 정치적 올바름을 추구해야 할까? 아니면 조던 피터슨이나 스티븐 프라이가 말한 것과 같이 정치적 올바름으로 인해 좌파 이념이 극단으로 치달아 우리가 '결과의 평등'을 옹호하는 우를 범하게 되거나, 도리어 극우주의자들에게 땔감을 던져주는 셈이 되어버릴까?

사실 나는 이 점에 대해서는 지금 단계에서 확실히 말할 수 있는 정답은 없다고 생각한다. 물론 이 책을 읽은 독자 분들은 이 주제에 대해 자신만의 확고한 의견을 갖고 있을 것이고, 그것은 필자도 마찬가지지만 어느 한쪽이 다른 한쪽을 무릎 꿇릴 만큼 강력한 논거를 확보했다면 이런 토론회가 열리는 일도 없었을 것이다. 그동안 억압받았거나 배제되었던 소수자들의 목소리를 사회에 더 반영하고, 주류 문화가 의식적 혹은 무의식적으로 소수자를 공격하고 희화화하는 것을 막기 위해서라도 정치적 올바름은 분명 시대적 요구를 반영하는 흐름이라고 할 것이다. 하지만 인기 게임 〈배틀필드〉에서 제작자의 '정치적으로 올바른' 이념을 이해하지 못하는 유저들을 두고 "교육받지 못한uneducated"이라고 비난한 것만 봐도, 하나의 사회운동이자 신념으로서의 정치적 올바름도 분명 독선적인 교조주의로 흘러갈 가능성이 있고, 스티븐 프라이나 조던 피터슨도 그러한 가능성을 우려한 것으로 보인다. 따라서 어느 정도의 정치적 올바름이 적절한 수준인 것인지, 표현의 자유 등의 다른 가치와 정치적 올바름이 충돌했을 때 어느 것을 우선해야 할지는 아직 필자가 판단하기에는 너무 논쟁적인 주제라고 하겠다(그에 걸맞은 전문성을 쌓지도, 관련 주제를 학술적으로 탐구하지도 않았다). 따라서 필자는 정치적 올바름에 대해 옳다, 그르다를 표하기보다, 이 문제를 바라보는 조금 다른 시각을 제시해보고자 한다.

포퓰리즘의 시대

2010년대 세계를 가장 뒤흔들었던 정치적 사건 중 하나로 포퓰리즘의 발흥을 꼽지 않을 사람은 없을 것이다. 2016년은 영국의 브렉시트, 미국의 도널드 트럼프 대통령 당선이 이어져 포퓰리즘 운동의 분수령이나 다름없었다. 그러나 그 이전부터 개발도상국, 남유럽 국가를 중심으로 포퓰리즘 운동은 탄력을 받아오고 있었으며, 2016년 이후에는 기세가 다소 꺾이긴 했지만 여전히 서구 사회의 가장 최대 화두인 점은 마찬가지다. 이런 격변에 대응해 많은 식자들이 현 시대의 포퓰리즘 현상을 설명하고자 노력했고, 다양한 요소들이 원인으로 지목되었다. 가장 대표적인 것은 그중에서도 경제적 설명으로, 전통 제조업 지대가 세계화로 붕괴되면서 삶이 피폐해진 사람들이 자포자기의 심정으로 포퓰리즘 지지자에게 투표했다는 이야기가 주를 이루었다. 반대쪽에서는 백인 남성들의 인종주의, 성차별주의가 투표를 통해 드러난 사건이라는 설명도 큰 인기를 끌었다.

그런데 몇몇 사람들은 여기서 다른 이유를 꺼내들었다. 바로

'과도한 정치적 올바름'이 사태의 원인이라는 것이다. 안 그래도 경제적으로 위협받고 있는 이들에게, 학계나 언론계의 소위 지식인이라는 이들이 소수자를 위한답시고 사람들의 입에 재갈을 물리고 억압해온 것이 반발심을 불러일으켜 포퓰리즘에 대한 열광으로 이어졌다는 이야기인 것이다. 여기에 앞서 경제적 설명을 선호하는 이들 중 일부는 이 두 시나리오를 엮어냈다. "경제적 불평등, 그리고 엘리트들의 문화적 우월의식에 대한 반발이 결국 포퓰리즘을 만들어낸 것이다. 자유주의 질서를 복원하고 싶으면 엘리트들은 그들의 오만함을 거두어들이고 불평등을 줄일 정책에나 골몰해라!"

각각의 설명은 모두 일정 정도의 진실, 또 그만큼의 과장을 품고 있다. 불평등과 제조업의 몰락이 포퓰리즘의 주요 동력이 된 것은 맞지만, 사실 미국에서 가장 기회가 박탈된 흑인 사회는 정작 트럼프에 호의적이지 않았다. 트럼프를 지지한 이들이 인종주의나 성차별주의적으로 해석될 수 있는 관념이 없진 않았겠지만, 그렇다고 그들이 당장에라도 KKK를 조직하거나, 자신의 직장에서 흑인들을 체계적으로 탄압하거나 하지는 않았다. 경제적 불평등이나 차별의식은 이전부터 있어왔으나, 그때는 기존 정치를 흔들 정도로 강력한 힘이라고 할 수는 없었다. 그렇다면 왜 지금인가?

나는 마지막 설명, 정치적 올바름을 둘러싼 갈등이 이에 대해 어느 정도 해답이 되어줄 수 있지 않을까 추측해본다. 물론 흔히 접할 수 있는 설명처럼 '과도한 정치적 올바름'이 문제라는 것은 아니다. '정치적 올바름이 과도하다'는 판단은 개인의 생각에 따라 얼마든지 달라질 수 있는 문제다. 트럼프의 당선이 미국 사회의 퇴보를 보여준다고 생각하는 이들은, 서구 사회에 정치적 올바름이 "아직도 부족해서" 트럼프, 브렉시트 같은 반동을 맞이한다고 생각할 것이다. 반면 트럼프를 열렬히 지지하는 이들은, 그동안 리버럴들이 정치적 올바름을 무기로 참을 수 없는 수준의 폭거를 자행해왔다고 여겨 트럼프의 당선을 중대한 반격으로 추켜세울 것이다. 따라서 양쪽 진영의 의견을 모두 받아서 말하자면, '과도한 정치적 올바름'이나 '정치적 올바름의 결핍'보다는 '정치적 올바름을 둘러싼 정치 진영의 양극화'가 현재 정치적 갈등의 가장 중요한 배경이라고 할 수 있겠다.

사실 이 같은 갈등은 짧게 잡아도 1990년대 시작된 미국의 문화 전쟁Culture War에서 그 연원을 찾을 수 있다. 1980년대 레이건 행정부 때 미국의 보수주의 진영이 문화적으로 더 완고해졌고, 반면 진보주의 진영은 대학을 졸업한 고학력 인구를 중심으로 세력을 결집시키기 시작했다. 이 같은 일은 거대한 영토와 다양한 인구를 지닌 미국에서 가장 극적으로 이루어졌지만, 런던을 중심으로 한 영국이나 파리를 중심으로 한 프랑스 등지에서도 비슷한 구도로 전개되었다. 요컨대 IT나 엔터테인먼트 등 21세기에 떠오를 것이 예상되었던, 고학력 신산업 종사자들은 개방성과 진보주의의 가치를 외쳤다. 이들은 주로 국제사회와 긴밀히 연결된 클러스터, 세계도시로 뭉쳤다. 반면 전통 제조업이나 농업 등에 종사하던 이들은 여전히 전통의 가치가 중요하다고 소리쳤고, 세계도시 바깥의 배후지에 드넓게 산개된 채로 남았다. 그리고 1990년대부터 2010년대까지 약 20~30년에 이르는 기간 동안 이 두 공간과 인구집단 사이의 간극은 더 커졌고, 마침내 두 집단이 공유하는 공통의 관심사나 목표는 거의 사라지게 되었다.

아마 1990년대부터 본격적으로 심화되기 시작한 미디어의 파편화 경향이 이러한 경향을 가속화했을 것이다. 먼저 위성 TV가 확산되면서, 세계적으로 방송국의 개수가 엄청나게 증가했다. 그러나 이것은 시작에 불과했다. 아마 미디어가 온라인으로 기반을 차츰 옮긴 것이 결정적이었을 것이다. 웹은 신문, 방송 등 전통 플랫폼을 훨씬 싼값으로 유치하고 유통시킬 수 있는 최고의 플랫폼이 되었다. 진입장벽이 낮아지자 수많은 미디어, 뉴미디어들이 앞뒤를 가리지 않고 온라인에 진출했고 역으로 오프라인으로 나오는 경우도 심심치 않게 있었다. '단일한 국민 문화'를 전달해주던 전국지, 방송국 등이 세계화된 위성통신망의 확산으로 위협받았으며, 미국에서는 〈뉴욕 타임스〉와 〈폭스 뉴스〉 등 특정 진영을 대변하는 미디어가 각자의 진영에 엄청난 영향력을 발휘하기에 이르렀다. 동시에 SNS나 유튜브 같은 대안 미디어들도 새로이 부상해 전통 미디어들을 우회할 경로를 제공해주었다.

세계화가 사람들을 두 극단으로 몰아가면서 이 두 집단이 서로 다른 미디어에 의존하게 되었을 것이라고 추론해보는 것은 합리적이다. 새롭게 정립되기 시작한 온라인 커뮤니티 문화도 이런 극화에 기여했을 것이다. 의견이 다르다고 함부로 떠날 수 없는 오프라인 커뮤니티와 달리 온라인 커뮤니티는 떠나는 것도, 새로운 커뮤니티를 만들어내는 것도 상대적으로 쉽기 때문이다. 따라서 처음에 다양한 의견이 분포하던 하나의 커뮤니티는 단일한 의견만을 가진 복수의 커뮤니티로 분화해 나가는 게 일반적 경향성이다. 그런 이유로 나는 이런 파편화 경향이 서구 사회, 특히 영미권에서 일어난 정치적 양극화와 굉장히 강한 연관을 갖고 있다고 생각하며, 이는 아마 세계화로 인해 심화되는 경제적 불평등과도 긴밀히 상호작용했을 것으로 추측된다.

하지만 경제 문제는 적어도 표면상으로는 중요해 보이지 않았는데, 의외로 사람들은 경제 문제보다 문화 문제에 더 많은 반응을 하기 때문이다. 심리학자 조너선 하이트는 저서 《바른 마음》에서 시민의 정치적 의사결정의 핵심 동기는 도덕과 관련된 직관적 판단이라고 흥미롭게 주장한 바 있다. 하이트의 주장을 받아들일 때, 파편화되는 미디어가 싸움을 붙여놓기 가장 흥미진진한 주제는 무엇보다 '정치적 올바름'을 대표로 하는 다양한 소수자 관련 사회, 문화 이슈였다. 인종을 대상으로 하는 혐오표현을 어디까지 규정지을 수 있을 것인가? 트랜스젠더를 위한 특정한 인칭 대명사를 사용하도록 강제해야 하는가? 어떤 것이 위력을 동반한 성폭력이 될 수 있고, 어디까지가 아니라고 할 수 있는가? 이는 가장 최근에 부상한 몇몇 이슈들이고, 그전까지 누적되어 오면서 사람들의 신경을 긁어온 주제들까지 합치면 정말 끝도 없이 많을 것이다.

30여 년 동안 이런 경향성이 누적되자, 지금의 대립구도가 나타나기 시작했다. 식자들이 상주하고 젊고 진보적인 인구가 계속 유입되는 대학가를 중심으로 급진적인 정치적 올바름 운동이 세를 불려나갔다. 한편 보수 내지는 '대안 우파'라고 할 수 있는 세력이 새로 생겨나 주류 언론에서는 신경 쓰지 않는 인터넷 미디어로 뭉쳤다. 물론 국민 대다수는 이 대립구도와 직접적 연관이 없는, '평범한' 삶을 살아나가는 사람들이었을 것이다. 하지만 의견이 중간으로 수렴하는 것이 아니라 극단으로 발산할 때, 결국 두 진영 중 하나를 놓고 선택을 했어야만 했고, 그 결과가 포퓰리즘과 정치적 올바름을 둘러싼 지금의 전국적 극한대립이 되었을 것이다.

국제화된 대립, 그리고 정치적 올바름

엄밀히 정치적 올바름에 대한 것도 아니고, 지금 한국에서 펼쳐지는 일도 아닌 이야기를 이렇게 하는 이유는 서구 사회에서 벌어진 이 같은 변화(주로 미디어 환경)가 한국에도 분명 직간접적으로 시사하는 바가 있다고 생각하기 때문이다. 앞서 1990년대 이래로 뜨기 시작한 새로운 계층은 보다 국제적이고, 개방적이고, 세계도시에 몰려 있다고 말했었다. 한국에서도 정치적 올바름이라는 개념을 적극적으로 도입하기 시작한 사람들이 아마 이들일 것이다. 북미와 서유럽의 지적 지형에 민감하고, 소수자를 배제하지 않는 그들의 진보적이고 개방된 문화에 모종의 긍정적 가치를 느낀 이들이 한국에도 정치적 올바름의 가치를 이식해왔을 것이다. 자생적이라고 하기에는 '정치적 올바름'이라는 단어부터 수입해왔다는 느낌이 너무 강하다. 아마 이러한 국제주의는 개방적인 진보주의 이념의 본질을 반영하는 것이다. 그리고 이런 고학력자들은 향후 학계, 언론계를 비롯한 식자층 내지는 광범위한 엘리트층으로 진입해 점차 더 높은 발언권을 가지게 될 것이라고 생각되었다. 그렇게 한국도 점차 북미와 서유럽이 이끄는 세계 진보의 도도한 물결의 앞자리에 탑승하게 되리라.

하지만 2016년 이후로 이런 낙관론은 대체로 종적을 감추었는데, 브렉시트나 트럼프 당선으로 인해 정치적 올바름을 비롯한 진보적 가치에 호의적이지 않은 포퓰리즘 운동이 파죽지세로 부상했기 때문이었다. 더더욱 흥미로운 점은 이제는 그와 같은 이념들도 국제화되어 국경을 넘어 공유되기 시작했다는 것이다. 게임 〈오버워치〉와 정치적 올바름을 둘러싼 논란은 거의 실시간으로 국내 커뮤니티에 공유되었으며, 마블 히어로 시리즈 관련 논쟁도 마찬가지다. 또한 근래 정치적 올바름이나 페미니즘 등 이슈에서 가장 뜨거운 감자로 취급되는 조던 피터슨 교수는 그의 책이 한국에 번역되기도 전에 알 만한 사람들은 이미 유튜브로 전부 알고 있었다(오히려 유튜브로 떴기에 책이 나올 수 있었다고 본다). 정치적 올바름에 동의하지 않는, 혹은 극렬히 거부감을 느끼는 사람들도 그 자신만의 미디어 채널을 통해서 국제적으로 의견을 수입해 퍼트릴 수 있게 된 것이다.

이 같은 흐름은 지난 30여 년 동안 있어온 경제적 변화, 기술적 진보, 미디어 환경의 변화를 감안했을 때 자연스러운 것일 수도 있다. 에스파냐의 사회학자 마누엘 카스텔은 이미 90년대에 출간한 저서《정보시대》에서 모든 개인이 자신만의 미디어 채널을 갖게 될 것이라고 분석했고, 경제의 세계화가 불러올 필연적 결과로 '정체성 정치'가 대거 부상할 것을 주장하기도 했다. 따라서 우리가 현재 선진 사회에서 벌어지는 일들을 건조하게 바라만 보고자 한다면 그저 '올 것이 왔다' 정도로도 해석할 수 있을 것이다.

하지만 정치적 올바름이 맞다, 그르다를 따지기 이전에 한국의 시민으로서 정치적 극화는 여전히 우려스러운 것이 사실이다. 특히 그 극화가 국제적으로 벌어지고 있는 이념 전쟁의 맥락에서 벌어진다면 더더욱 우려스럽다. 미국인이 아닐지라도 정치적 올바름을 지지하는 이들은 힐러리 클린턴의 낙선에 좌절했을 것이고, 만약 유럽연합이 시행하는 여성/소수자/다문화에 관한 진보적인 정책을 소개하는 트윗을 본다면 '좋아요'를 찍을 것이다. 반면 역시 미국인이 아니더라도 정치적 올바름에 반대하는 이들은 유튜브에서 조던 피터슨이 페미니스트 앵커와 논쟁하는 영상을 보며 '좋아요'를 찍을 것이고, 정치적 올바름에 대항하는 다른 영미권 식자의 영상에 자막을 입혀

번역을 할지도 모른다. 이런 대립구도에서는 한국인 혹은 미국인이라는 정체성은 그다지 중요하지 않게 된다. 오히려 내가 정치적 올바름이라는 하나의 주제를 놓고 어떤 입장을 취하고 있는지가 훨씬 더 중요하게 된다.

필자가 이런 현상을 우려하는 이유는 역사적 선례가 이미 존재하기 때문이다. 20세기 중반에 시작되어 지금까지도 지속되는 이슬람 세계의 세속주의-이슬람주의 갈등이 이와 놀랍도록 유사한 구도로 전개되었다. 수도를 비롯한 대도시에 거주하는 진보적 고학력자들은, 다수의 의견과 상관없이 소수자의 권리를 보장하고 종교 교리의 사회 침투를 막는 세속주의 법안을 지지했다. 반면 고등교육에서 배제되어 온, 농촌이나 대도시 빈민가 사람들은 '보편 인권'을 보장하는 세속주의 법안이 스스로의 신앙을 자유롭게 표출할 권리를 막는다고 느꼈다. 이들은 훗날 이슬람주의라는 정치 이념을 만들어내어 권력을 독점하고 있던 세속주의자들에 대항하기에 이르렀다(이란과 터키에서는 이 시도가 성공했다).

사회에서 종교의 위치를 놓고 둘러싼 이 갈등은 국경을 가로질러 초국적 정체성을 만들어냈고, 실질적으로 터키, 이란, 아랍의 세속주의자들은 자국의 이슬람주의자들보다 세속주의자들끼리 '서로' 더 잘 공감했다. 이런 단층선은 1970년대 이래로 이슬람 세계의 국내 정치를 극도로 불안하게 만들었는데, 부분적으로는 자국 사회가 타국에서 벌어지는 정치적 격변에 아주 민감해졌기 때문이었다. 예컨대 1979년 이란의 이슬람주의자들이 이슬람 혁명을 일으키자 터키와 아랍에서 이슬람주의자들은 대거 동요했으며, 세속주의 성향의 군부는 더욱 큰 탄압을 가했었다.

작금의 서구 사회가 물론 저발전 상태에 있는 중동 지역과 온전히 등치될 수 있다고 주장하려는 것은 아니다. 다만 모종의 유사성은 분명 확인할 필요가 있다고 본다. 자국의 "빻은" 인간들보다 서구의 개명된 이들에게 더 동질감을 느끼는 사람, 혹은 자국의 "PC충"보다 조던 피터슨의 팬들에게 더 우애를 느끼는 사람들은 서구에서 벌어지는 가장 최신의 뉴스를 한국 웹으로 퍼와 '분위기'를 만들어내려고 할 것이다. 작년에 있던 제주도 예멘 난민 사태 당시에도 비슷한 일이 벌어지지 않았었는가? 이런 논쟁이 생산적 대립구도로 이어진다면 좋겠지만 국제적으로 연결된 미디어 환경은 오히려 진영의 극화만 계속해서 부추길 것으로 보인다. 이런 비생산적 대립이 계속해서 이어진다면, 최근에 서유럽과 북미에서 벌어지고 있는 정치의 마비와 기능부전이 우리에게도 다가올 가능성이 충분할지도 모른다.

—

이 책의 원고를 먼저 받아 읽는 와중에, 스스로도 은연중에 찬성 측 논거는 주의 깊게 보게 되고 반대 측 논거는 시작부터 무심하게 읽게 되는 것을 발견하고 깜짝 놀랐다. 혹시 여러분들도 무의식적으로 그렇게 보게 되지는 않으셨는지? 사실 이 같은 태도는 스스로의 직관에 일단 부합하는 의견만 취사선택하고자 하는 인간의 인지적 전략이라 본질적으로 잘못된 것은 아니다. 하지만 어려운, 혼란의 시기에는 결국 더 많은 지혜를 요하는 법이고, 양측의 의견을 최대한 경청해보려는 것이 지혜를 늘리면 늘렸지 줄이는 것은 아니리라 생각된다. 그런 점에서 이 책을 읽은 많은 사람들이 4인 4색으로 펼쳐지는 다양한 주장과 논거를 보다 균형 잡힌 태도로 읽고, 한국에서 정치적 올바름이 의제에 올랐을 때 보다 차분한 태도로 의견을 개진할 수 있기를 기대해본다. 아니, 우리 모두가 노력해야 할 것이다. 막상 이 토론자들도 평정을 잃은 것처럼 보일 때가 있을 정도니 말이다.

정치적 올바름에 대하여

1판 1쇄 펴냄 2019년 5월 1일
1판 8쇄 펴냄 2022년 6월 1일

지은이 조던 피터슨, 스티븐 프라이, 마이클 에릭 다이슨, 미셸 골드버그
옮긴이 조은경
편집 안민재
디자인 JUN
제작 세걸음

펴낸곳 프시케의 숲
펴낸이 성기승
출판등록 2017년 4월 5일 제406-2017-000043호
주소 (우)10885, 경기도 파주시 책향기로 371, 204호
전화 070-7574-3736
팩스 0303-3444-3736
이메일 pfbooks@pfbooks.co.kr
SNS @PsycheForest

ISBN 979-11-89336-07-3 03300

책값은 뒤표지에 있습니다.

이 도서의 국립중앙도서관 출판시도서목록CIP는
서지정보유통지원시스템 홈페이지 http://seoji.nl.go.kr와
국가자료공동목록시스템 http://www.nl.go.kr/kolisnet에서 이용하실 수 있습니다.
CIP제어번호: 2019013343